von Kirchbach/Meyers/Vogt

Abenteuer Einheit

Hans Peter von Kirchbach
Manfred Meyers
Victor Vogt

Abenteuer Einheit

Zum Aufbau der Bundeswehr in den neuen Ländern

Report Verlag
Frankfurt am Main · Bonn

Wir kommen nicht als Sieger zu Besiegten,
sondern als Deutsche zu Deutschen.
Jörg Schönbohm

Die Deutsche Bibliothek – CIP-Einheitsaufnahme

Kirchbach, Hans Peter von:
Abenteuer Einheit: Zum Aufbau der Bundeswehr in den neuen Ländern /
Hans Peter von Kirchbach;
Manfred Meyers; Victor Vogt. – Frankfurt am Main; Bonn:
Report-Verl., 1992
ISBN 3-9802828-1-3
NE: Meyers, Manfred:; Vogt, Victor:

Postfach 11 02 62, 6000 Frankfurt am Main 1,
Telefon 069/26 00-0

Umschlaggestaltung: Manfred Sehring, Dreieich-Offenthal
Lektorat und Herstellung: Christine Dingeldey
Gesamtherstellung: Clausen & Bosse, Leck
Printed in Germany 1992

Inhalt

Geleitwort

Bundesminister der Verteidigung Volker Rühe

Die Vereinigung der beiden Staaten in Deutschland stellte die Bundeswehr vor eine Aufgabe, für die es kein historisches Beispiel gibt. Die Einheit im Bereich der Streitkräfte war zu vollziehen nach der bewährten Rechtsordnung der Bundeswehr, aber mit den Menschen aus beiden Armeen, die sich vorher durch den Eisernen Vorhang getrennt gegenübergestanden hatten.

Eine Fülle schwierigster Aufgaben war von den Soldaten der ersten Stunde zu bewältigen, die nach einer Entscheidung meines Vorgängers am Tag der Einheit in den ehemaligen Verbänden der Nationalen Volksarmee ihren Dienst angetreten haben. Diese Aufgabe war nur im Zusammenwirken aller, gleich ob sie aus der NVA oder aus der Bundeswehr kamen, zu bewältigen.

Daß es bis heute gelungen ist, auf dem Weg zur Armee der Einheit ein großes Stück voranzukommen, ist eine Leistung der gesamten Bundeswehr, die nicht hoch genug eingeschätzt werden kann. Auch die Verbände im Westen, die mit Personal und Material oft bis an die Grenze des möglichen unterstützten, haben daran Anteil.

Die Verfasser haben ein Stück Geschichte der Bundeswehr festgehalten. Ein besonderes Verdienst des Buches scheint mir zu sein, daß jenseits aller organisatorischen Aufgaben und Leistungen die Gefühle, Stimmungen und Meinungen der Beteiligten zum Ausdruck kommen und die Zuneigung der Verfasser zu ihrer Heimat auf Zeit in Vorpommern deutlich wird.

Ich nutze die Gelegenheit, allen an dieser Gemeinschaftsleistung Beteiligten herzlich zu danken. Hier möchte ich auch ganz bewußt meinen Vorgänger Gerhard Stoltenberg erwähnen, der die wichtigsten Weichenstellungen angeordnet hat und dem die »Armee der Einheit« ein besonderes Anliegen war.

Das wohl ungewöhnlichste Kapitel der deutschen Militärgeschichte ist noch nicht abgeschlossen, aber entscheidende Schritte sind gegangen. Ich bin sehr zuversichtlich, daß die Bundeswehr auch in den nächsten Jahren einen ganz wesentlichen Beitrag zur Vollendung der inneren Einheit unseres wiedervereinigten Vaterlandes leisten wird.

Geleitwort

Staatssekretär Jörg Schönbohm

Am 1. Juli 1991 löste der Bundesminister der Verteidigung, Dr. Gerhard Stoltenberg, das Bundeswehrkommando Ost auf und übertrug die Kommandogewalt auf die Inspekteure der Teilstreitkräfte Heer, Luftwaffe und Marine und den Inspekteur des Sanitäts- und Gesundheitswesens der Bundeswehr. Damit endete ein historisch bedeutsamer Abschnitt in der Geschichte der Streitkräfte der Bundesrepublik Deutschland. Die Auflösung der ehemaligen NVA war beendet, die Integration ihrer Menschen und der Aufbau der Bundeswehr in den neuen Bundesländern erfolgreich begonnen.

Heute können alle Beteiligten auf Monate harter Arbeit und großer Herausforderungen, aber auch auf eine Zeit der Erfüllung zurückblicken.

Ein solcher Rückblick auf diese Monate ist Herrn Brigadegeneral von Kirchbach, mit dem mich eine mehr als dreißigjährige Bekanntschaft und Kameradschaft verbindet, mit großer Intensität und Glaubwürdigkeit gelungen. In beeindruckender Weise beschreiben er und seine engsten Mitarbeiter den bisher zurückgelegten Weg – hierin liegt auch der Wert des Buches –, die Gemeinschaftsleistung wird deutlich. Dabei werden nicht nur Fakten aufgezählt, sondern auch die Empfindungen der Betroffenen zum Ausdruck gebracht. Die Bedeutung des geduldigen Gesprächs, des Zuhörens, des Aufeinanderzugehens wird besonders hervorgehoben.

Den Autoren ist es gelungen, nicht nur einen Erlebnisbericht zu verfassen, sondern all jene Probleme intensiv und exemplarisch zu beschreiben, die bei der Auflösung der ehemaligen NVA und der Eingliederung ihrer Menschen in die neu aufzustellenden Einheiten und Verbände der Bundeswehr in den neuen Bundesländern zu lösen waren. Darüber hinaus macht das Buch den Leser mit den Schönheiten des Landes

Mecklenburg-Vorpommern, seinen liebenswerten Menschen, aber auch seinen Problemen in anschaulicher Weise vertraut.

Deutlich wird in allen Kapiteln des Buches der Pioniergeist, die Bereitschaft zur Übernahme von Verantwortung sowie die Zuversicht der handelnden Personen unter ihrem Motto: »Wir kamen nicht als Sieger zu Besiegten, sondern als Deutsche zu Deutschen«.

Insgesamt ein Buch, das nicht den Anspruch einer wissenschaftlichen Arbeit erhebt, sicherlich aber ein sehr beachtenswertes Zeitdokument darstellt. Jeder, der sich mit allen Aspekten der Vereinigung unseres Vaterlandes intensiv auseinandersetzen will, sollte es in die Hand nehmen und lesen.

Bei dieser Gelegenheit danke ich Herrn Brigadegeneral von Kirchbach – wie allen »Männern der ersten Stunde«, die sich ohne zu zögern der Aufgabe gestellt haben, das zu vollbringen, was die Menschen unseres Staates wollen: den Vollzug der inneren Einheit auch im deutschen Heer, der Armee der Einheit.

Vorwort

Brigadegeneral von Kirchbach

Nachdem auf den Druck des Volkes in der DDR hin die Regierung den Beitritt zur Bundesrepublik Deutschland beschloß, stellte sich auch die Frage, was mit der NVA, der »Nationalen Volksarmee«, geschehen solle. Begleitet von leidenschaftlichen Diskussionen auf beiden Seiten der innerdeutschen Grenze führte dies schließlich zu der Entscheidung, einen Teil der NVA in die Bundeswehr aufzunehmen. Der am 31.8.1990 unterzeichnete Einigungsvertrag zwischen beiden deutschen Staaten sah vor, daß Offiziere und Unteroffiziere der NVA nach der deutschen Vereinigung auf eigenen Antrag und mit Zustimmung der personalbearbeitenden Stellen zunächst für zwei Jahre in der Bundeswehr verbleiben könnten. Innerhalb dieser zwei Jahre sollte ihnen die Gelegenheit gegeben werden, einen Verbleib in der Bundeswehr zu beantragen.

Vorbereitend für die Vereinigung beider Armeen wurden Organisations- und Infrastrukturfachleute der Bundeswehr Anfang September 1990 in die Kasernen der NVA gesandt, um Entscheidungsgrundlagen für die künftige Stationierung zu erhalten. Dabei wurde auch der Ort Eggesin in Vorpommern wegen der außergewöhnlich starken Abhängigkeit der Region von militärischer Präsenz als Stationierungsraum vorgesehen.

Da die Übernahme und Umgestaltung von Verbänden und Einheiten der NVA unter den Rechtsnormen und nach den Führungsprinzipien der Bundeswehr ablaufen mußten, wurde entschieden, daß die Verbände, die für den Aufbau neuer Bundeswehrverbände herangezogen werden sollten, von einer aus mehreren Bundeswehroffizieren und -unteroffizieren bestehenden »Kommandeurgruppe« geführt werden sollten. Die zur völligen Auflösung vorgesehenen Verbände dagegen sollten »Unterstützungsgruppen« erhalten, um die noch vorhandenen ehemaligen NVA-Führer zu beraten. Um dies zu verwirklichen, wurden ca. 1200 Offiziere und Unteroffiziere der Bundeswehr benötigt.

Die Auswahl dazu begann etwa ab dem 10. September 1990. Die Bundeswehrführung war bemüht, dabei das Prinzip der Freiwilligkeit zu wahren. Das gelang auch in den meisten Fällen. Weitere Bundeswehrsoldaten wurden benötigt, um die im September 1990 zur NVA einberufenen Wehrpflichtigen nach Bundeswehrprinzipien auszubilden. Diese Ausbilder waren zu Ausbildungsunterstützungsgruppen zusammengefaßt. Da diese erhebliche personelle Unterstützung West/Ost einen hohen Koordinationsaufwand erforderte, bildete man sogenannte »Couleur«-Verhältnisse zwischen Großverbänden West und Ost. Die Eggesiner 9. PzDiv. wurde mit der 3. Panzerdivision in Buxtehude »auf Zusammenarbeit angewiesen«.

In den neuen Ländern wurde das »Bundeswehrkommando Ost« gebildet, das am 3. Oktober 1990, dem Tag der Vereinigung, die Führung über alle ehemaligen NVA-Truppenteile übernahm.

An der Spitze des Kommandos stand der jetzige Staatssekretär Jörg Schönbohm. Dem Bundeswehrkommando Ost unterstanden zunächst eigene Kommandos für Heer, Luftwaffe und Marine, die sich ein Jahr später in die Regelstruktur der Bundeswehr einfügen sollten. Aus den früheren Militärbezirken der DDR wurden Wehrbereiche, die jeweils von einem Divisions- und Wehrbereichskommando geführt wurden. Jedes dieser Kommandos führte ab 3. Oktober 1990 drei Divisionen der ehemaligen NVA, aus denen Heimatschutzbrigaden der Bundeswehr zu bilden waren.

In und um Eggesin war die 9. Panzerdivision stationiert. Wir, die Autoren dieses Buches, erlebten dort von Ende September 1990 an die Vereinigung der beiden deutschen Armeen mit.

Uns war die Aufgabe gestellt, die Einheit der Bundeswehr in einem Verband in der äußersten Ecke des nunmehr größeren Deutschlands, unmittelbar an der polnischen Grenze, zu vollziehen. Keiner von uns etwa einhundert Offizieren und Unteroffizieren wußte, was uns erwartete. Weder hatten wir eine konkrete Vorstellung von der Größe der organisatorischen Aufgaben noch von dem Ausmaß der menschlichen Probleme, die uns in Eggesin erwarten sollten. Von allen aus dem Westen kommenden Soldaten war ein Höchstmaß an Durchsetzungskraft, Engagement und menschlichem Einfühlungsvermögen gefordert. Von allen aus dem Osten kommenden Soldaten war die Bereitschaft gefordert, sich auf die neuen Verhältnisse einzustellen, mitzuarbeiten, die Lähmung der Endzeit einer zerfallenden Armee zu überwinden.

Die Idee für dieses Buch entstand bereits im Oktober 1990. So vieles geschah in den ersten Tagen nach der Einheit, so neu waren die gestellten Aufgaben, so groß die Schwierigkeiten und so unvergleichbar die Forderungen mit allem, was wir bisher getan hatten, daß es gerechtfertigt schien, die Erlebnisse der ersten Monate festzuhalten.

Wir schildern einen kleinen, wohl aber exemplarischen Teil der Vereinigung von NVA und Bundeswehr. Die Probleme, die wir vorfanden, waren typisch. Die Wege, sie zu lösen, mußte jeder selbst finden, es gab keine Vorschrift und keine Erfahrungen, wie man zwei ehemals gegnerische Armeen friedlich vereint. Der Prozeß ist nicht beendet, wir haben das erste Jahr der Weichenstellung dargestellt. Das mußte aus unserer Sicht geschehen. Der Objektivierung wegen bleibt zu hoffen, daß auch Offiziere der ehemaligen NVA ihre Erlebnisse und Empfindungen aus dieser bewegten Zeit zu Papier bringen werden.

Vorspiel in Dresden

Brigadegeneral von Kirchbach

Die NVA war für mich und uns alle ein Begriff, hinter dem sich vor allem die Vorstellung einer gut funktionierenden Militärmaschinerie in einem totalitären Staat verbarg. Die Menschen waren uns fremd, mußten es sein, hatte es doch niemals eine Gelegenheit gegeben, mit ihnen zusammenzukommen.

Nach der Grenzöffnung dauerte es auch bei uns eine Weile, bis wir, die Bundeswehr, uns auf die neue Situation eingestellt hatten. Die Meinungen zu Kontakten mit Angehörigen der NVA waren geteilt. Die Verfahren zumindest in der ersten Zeit waren eher bürokratisch. Dies war nicht ganz unverständlich, sollten doch falsch verstandene Verbrüderungen und Wildwuchs verhindert werden. Private Initiativen waren indessen nicht untersagt.

So entschloß ich mich im Mai 1990 bei einem Urlaubsaufenthalt in Dresden, der Geburtsstadt meines Vaters und einer wichtigen Herkunftsstadt meiner Familie, ganz spontan zu einem Vorstoß in das Hauptquartier der 7. Panzerdivision.

In Jeans und Lederjacke melde ich mich an der Wache. Ich zeige meinen Truppenausweis. An der Wache großes Erstaunen, als ich mich als Oberst und Brigadekommandeur der Bundeswehr vorstelle. Ein eifriges Telefonieren beginnt. Ich gebe den Rat, den OvD anzurufen. Die Auskunft ist enttäuschend. Die Division hat Dienstschluß, wird mir bedeutet (um 16.00 Uhr). Man rät mir, am nächsten Tag wiederzukommen. Aber der Tag hat doch noch sein Gutes. Einige aus der Kaserne kommende junge Leute, wie sich herausstellt Unteroffiziere, hören etwas von Bundeswehr. Sofort bildet sich um mich vor der Wache ein Pulk – von den Wachsoldaten mißtrauisch beäugt. Ein spontanes Gespräch beginnt. Die Soldaten der NVA interessieren sich für alles, was in der Bundeswehr vor sich geht. Einige berichten, sie hätten an das

Verteidigungsministerium in Bonn geschrieben, um zu erkunden, ob sie Soldaten der Bundeswehr werden könnten. Von ihren Vorgesetzten halten sie nichts – »die kann man alle vergessen«. Über ihren Dienst berichten sie nichts Positives. Sie erzählen von Leerlauf in den Kasernen, von Frustration und Sinnlosigkeit, von Vorgesetzten, die das Interesse vermissen lassen.

Ohne genau zu wissen, wie ich das einlösen kann, lade ich die Soldaten zu unserer Brigade nach Koblenz ein. Ich biete an, mir einfach nach Koblenz zu schreiben. Wenig später wird tatsächlich ein Brief mit einer namentlichen Aufstellung der Interessenten eintreffen (siehe dazu Anhang, S. 181). Der Besuch kommt dann im September 1990 tatsächlich zustande. Am nächsten Tag bin ich wieder an der Wache. Diesmal werde ich in einen Besucherraum im Wachgebäude gebeten und warte etwa zehn Minuten. Ein Oberstleutnant holt mich ab. Mein Freund aus Lampertheim, Chef der Ausbildung bei Mercedes Mannheim, kann ebenfalls passieren. Wir werden zum stellvertretenden Divisionskommandeur und Stabschef geleitet. Das Gespräch verläuft vorsichtig. Immerhin sind wir uns einig, daß die Möglichkeiten, Kontakte zwischen den Menschen herzustellen, genutzt werden sollten.

Ich berichte von meinem gestrigen Gespräch mit den Unteroffizieren. Von der Einladung sage ich noch nichts. Meine Gesprächspartner machen keinen schlechten Eindruck. Am selben Tag wird noch eine Delegation des Bundeswehrverbandes erwartet, um Geburtshilfe bei der Gründung des Verbandes der Berufssoldaten in Dresden zu leisten. Noch besteht hier offensichtlich die Hoffnung, daß die NVA weiterbestehen kann, wie der Verteidigungsminister der DDR, Eppelmann, es gefordert hatte. Keiner von uns weiß genau, was wird, aber es ist uns klar, daß die Entwicklung an den beiden Armeen nicht vorbeigehen kann. Wir tauschen Karten aus und verabreden, in Kontakt zu bleiben. Zum Abschluß wird mir eine Kupfertafel mit dem Symbol der Division überreicht. Einige Wochen später erlebt meine durch nichts aus der Ruhe zu bringende Vorzimmerdame eine Überraschung. Ich bitte sie, eine Verbindung zur 7. Panzerdivision nach Dresden herzustellen. Es dauert einige Stunden, bis die Verbindung zustande kommt. Ich spreche mit dem Stabschef der Division und berichte vom Brief der Unteroffiziere, die gerne nach Koblenz eingeladen werden möchten. Der Stabschef stimmt im Grundsatz zu und lädt seinerseits einige Leutnante nach Dresden ein.

Nun ist es Zeit, die geknüpften Kontakte zu erproben. Ich leite den beabsichtigten Austausch der Besuchergruppen formal in die Wege. Es dauert ein wenig, aber Anfang September 1990 ist es soweit, alle Genehmigungen liegen vor, die Termine sind festgelegt. Da gibt es noch eine Überraschung. Aus Dresden kommt die kurzfristige Anfrage nach einem Referenten zum Thema »Innere Führung« für einen Vortrag vor den Stabsoffizieren der dortigen Division. Ich gehe selbst. Mit Oberstleutnant Vogt, meinem S-1-Stabsoffizier, fahre ich in derselben Woche, in der unsere Leutnante in Dresden sind, zur 7. Panzerdivision der NVA. Schon die Fahrt im Bundeswehrdienstwagen ist ein Erlebnis. Langsam rollen wir an den Grenzbefestigungen in Herleshausen vorbei. In Meissen an einer Verkehrsampel stehen wir zwischen zwei russischen Militärfahrzeugen, deren Insassen ebenfalls einen überraschten Eindruck machen. In der Fußgängerzone in Weimar entdeckt uns eine sowjetische Militärstreife und macht einen weiten Bogen.

»Sie haben sich wohl verloofen«, werden wir angesprochen, als wir in Uniform vor dem Zwinger in Dresden spazierengehen. Dann der Empfang am Abend durch den Divisionskommandeur, den ich zum ersten Mal treffe. Die Szenerie im Club der Division ist unwirklich für beide Seiten. Wir werden vorsichtig beschaut und tasten uns selbst im Gespräch zu den kritischen Fragen vorwärts. Wir verbringen einige Stunden mit dem Divisionskommandeur in immer tiefer werdendem Gespräch. Man rechnet nun schon mit einem Übergang der NVA in die Bundeswehr und trifft erste Vorbereitungen.

Zum ersten Mal hören wir die später immer wieder vorgebrachte Argumentation über den Beitrag, den auch die NVA für die Erhaltung des Friedens geleistet habe. Ebenso vom rigiden System der 85prozentigen Bereitschaft, die die Soldaten viele Wochen von ihren Familien fernhielt. Der Kommandeur berichtet von einem Weihnachtsfest, an dem er in der Kaserne selbst Dienst leistend auf einem Feldbett schlafend, in ständigem Kontakt mit dem Militärbezirk auf einen Angriff der NATO eingestellt war. Dies geschah zu einer Zeit, in der die Bundeswehr längst ihre Bereitschaft bis nahe zur Null-Marke reduziert hatte. Der Kommandeur erzählt von einer Inspektionsgruppe des Militärbezirkes, die ihn aus dem Bett holte und ohne jede Unterstützung durch seinen Stab im Lageraum der Division einen genauen Bericht über die Lage und Einsatzvorbereitung seines Großverbandes verlangte.

Wir hören, welch hohes Maß an Enttäuschung über die militärische und politische Führung schon zu dieser Zeit in der NVA herrschte, wie groß die Verunsicherung und wie desolat der Dienstbetrieb waren. Am nächsten Morgen trage ich über das Konzept der Inneren Führung in der Bundeswehr vor und konzentriere mich vor allem auf Menschenführung und praktische Erfahrungen in der Truppe. Die Stellung des Soldaten im demokratischen Staat findet in die Gedankenwelt der NVA-Offiziere nur langsam Eingang. Auch hier höre ich Gedanken, mit denen ich später weit intensiver konfrontiert werde. Es ist die Auffassung, daß auch in der NVA gute Menschenführung geleistet wurde und manche militärischen Leistungen anders nicht erklärbar wären.

Aber es ist verständlicherweise nicht die Innere Führung, die die Stabsoffiziere in erster Linie bewegt. Alles wird dominiert von den Fragen »Was wird aus mir?«, »Habe ich in gesamtdeutschen Streitkräften eine Chance?«, »Soll ich überhaupt einen Versuch machen, in gesamtdeutsche Streitkräfte übernommen zu werden, oder ist es nicht ein konsequenterer Weg, mit der Einheit die Uniform auszuziehen?«, »Können Sie sich vorstellen, mit uns zusammen gesamtdeutsche

Streitkräfte aufzubauen?«, werde ich immer wieder gefragt, und ich weiß noch nicht, wie ich diese Fragen beantworten soll. Jeder von uns ist von seiner Vergangenheit geprägt, die Umstellung braucht Zeit, aber wir müssen hinter dem Apparat die Menschen sehen. Ich beneide die jüngeren Soldaten, die Leutnante und die Unteroffiziere, bei denen dies alles schneller und einfacher geht, wie ich später in Koblenz feststelle.

Für den Nachmittag hat man uns angeboten, das Panzerregiment 15 in Spremberg zu besuchen. Wir nehmen die Gelegenheit gerne wahr. Die Fahrt führt uns durch eine Mondlandschaft, »Schwarze Pumpe«, die größten Braunkohlekraftwerke Europas. Wir werden vom Regimentskommandeur empfangen. Das Ausbildungssystem wird vorgestellt, wir sehen ein hervorragend eingerichtetes Lagezimmer, die Vorträge und Einweisungen, auch die Ausbildung sind von professioneller Güte, die Ausbildungseinrichtungen hervorragend. Aber wir sehen nur Offiziere und Unteroffiziere. Eine Ausbildung der Mannschaften außerhalb der Grundausbildung gibt es kaum noch. So wirkt alles wie ein Motor, der sich im Leerlauf nach vergangener Leistung noch eine Weile weiterdreht.

Am Abend gibt es ein einfaches Abendessen und eine Diskussion mit dem Kommandeur und seinen Stellvertretern. Noch einmal erleben wir, was die Älteren bewegt. Stolz auf vergangene Leistungen und professionelles Können, Unsicherheit über die Zukunft, die heimliche Furcht, einen Teil seines Lebens umsonst gelebt zu haben, aber auch idealistischen Glauben an das alte System. »Das System ist gut, es ist verraten worden.« Es ist ein weites Spektrum von Einstellungen, von der Entschlossenheit, die Uniform auszuziehen, bis zu zaghaft tastenden Fragen über einen Dienst in der Bundeswehr. Allgemein deutlich wird das Bewußtsein für die Verantwortung, soweit unter den gegebenen Umständen möglich, einen geordneten Truppenteil zu übergeben. Auch dieses Gespräch ist bewegend und dauert bis tief in die Nacht.

Die »Dresdner Episode« ist erst mit dem Besuch einiger Offiziere und Unteroffiziere der 7. Panzerdivision im September

1990 in Koblenz beendet. Das Programm bei diesem Besuch wird durch ein gemeinsames Seminar »Ost-West« zum Thema »Menschenführung« abgeschlossen. Bis zur deutschen Einheit sind es noch zwei Wochen. Das Gespräch ist lebhaft. Vor allem die jungen Offiziere schenken sich nichts. Aber sie kommen persönlich zusammen. Am Abend wird gegrillt, und im Verlaufe des Abends wird noch einmal schlaglichtartig deutlich, worauf es in den nächsten Monaten ankommen wird. Ein Leutnant aus Dresden bittet mich, ein Foto machen zu dürfen. Ich habe damit natürlich keine Probleme. Er sagt mir: »Ich brauche dieses Bild als Beleg, daß hier ein Leutnant ganz normal mit einem Brigadekommandeur zusammensitzen und reden kann, meine Kameraden würden dies sonst nicht glauben.«

Wer geht mit?

Oberstleutnant Vogt

»Mit etwa zehnprozentiger Sicherheit werde ich bei der deutschen Vereinigung einen Großverband der NVA übernehmen, um diesen in die Bundeswehr zu überführen.« Mit diesen Worten überraschte mich mein Brigadekommandeur an einem Morgen im Juni 1990. »Herr Oberst, da gehe ich mit«, war meine spontane und lakonische Antwort. Später haben wir darüber gefachsimpelt, nachgedacht und überlegt. Warum eigentlich? Ich stand im 34. Dienstjahr meiner militärischen Laufbahn, rechnete mit noch einer Versetzung in meine letzte Verwendung und begann bereits, mich gedanklich auf mein Dienstzeitende im Jahre 1994 vorzubereiten. Sollte das alles gewesen sein?

Zu einem Zeitpunkt, zu dem ich mich im Hinblick auf die

Truppenreduzierungen mit Sozialplänen, ersten Gedanken von Verbandsauflösungen und eventuellen Verlegungen auseinandersetzen sollte, sah ich hier die einmalige Chance, noch einmal Aufbauarbeit zu leisten. Eine große Herausforderung. Parallelen zu 1956, meinem Dienstantritt in der Bundeswehr, wurden sichtbar. Auch damals wurde von uns Aufbauarbeit geleistet. Diese Möglichkeit konnte man sich einfach nicht entgehen lassen. Ich habe diesen Entschluß bis heute nicht bereut.

Das »Wohin« war zunächst nur eine vage Vermutung. Wir spekulierten mit der 7. Panzerdivision in Dresden, zu der wir im weiteren Verlauf des Jahres noch eingeladen wurden. Die vom Brigadekommandeur angesprochene Möglichkeit verdichtete sich in den folgenden zwei Monaten so sehr, daß wir uns erste Gedanken über eine Mannschaft machten. Es folgten Stunden der Gespräche über eine Fülle von Varianten, um eine harmonische und in sich geschlossene Mannschaft zusammenzustellen, mit der man den Schritt in das Ungewisse planen konnte.

Als dann im Juli 1990 erstmals Soldaten für eine sechsmonatige Kommandierung in die neuen Bundesländer zu melden waren, hatten wir schnell eine hohe Meldequote aus der eigenen Brigade, aus der wir, verstärkt durch Offiziere der 5. Panzerdivision, eine gute Mannschaft bilden konnten. Es fehlte noch ein S-3-Offizier und Ordonnanzoffizier, den der Kommandeur vermutlich auch als Vertrauten für das erste halbe Jahr in seinem Vorzimmer brauchte. Und es fehlte noch ein G 3. Der Versuch, den eigenen G 3 der Brigade mitzunehmen, wurde durch die 5. Panzerdivision, Diez, aus verständlichen Gründen abgelehnt. Neben dem Kommandeur kann man nicht auch noch die wichtigsten Stabsabteilungsleiter der Brigade abstellen. Eine Reihe von Telefongesprächen zwischen Brigade, Division und auch Korps war erforderlich, bis wir, relativ kurz vor dem dann anschließenden Inmarschsetzungstermin, den Namen unseres neuen G 3 erfuhren. Auf ihn kam, neben seiner Abteilungsleiterrolle, auch die koordinierende Aufgabe als Chef des neu zu bildenden Stabes zu, eine der schwierigsten Aufgaben, die uns erwartete. Der junge, sympathische Generalstabsoffizier, der diesen Posten letztendlich einnehmen sollte, wird diese Entwicklung im weiteren Verlauf des Buches noch selbst schildern.

Zwei Telefongespräche

Brigadegeneral von Kirchbach

Mit dem S-1-Stabsoffizier gehe ich Mitte September im Brigadestab in Koblenz die Offizierstellenbesetzung der Brigade durch. Bei zwei Namen bleiben wir stehen. Wäre nicht ein leistungsstarker Kompaniechef, der auch gute Laune ausstrahlt, der richtige Mann für die G-3-Abteilung? Es gibt einen Zugführer im Artilleriebataillon, von dessen dienstlicher Leistung ich nicht erst seit kurzer Zeit überzeugt bin. Ihn könnte ich mir an meiner Seite gut vorstellen.

Aber, was habe ich eigentlich zu bieten? Noch weiß ich nicht, wohin es gehen wird. Viele Einzelheiten sind noch ungeklärt. Die Dauer der Kommandierung mit mindestens einem halben Jahr steht jedoch fest. Für Familienväter steht damit eine längere Trennung ins Haus. Klar ist auch, daß lange Tage und Abende ohne Dienstzeitausgleich bevorstehen. Ansonsten Ungewißheit rundum. Dagegen stehen die Spannung und Größe dieser wohl einmaligen Aufgabe.

Ich rufe den ersten der beiden Offiziere an und schildere mein Anliegen. »Wollen Sie mich begleiten und bei der Umwandlung einer Division der NVA zu einer Brigade der Bundeswehr helfen?« – »Wo geht es hin?« – »Keine Ahnung, noch ist alles möglich.« – »Wie sind die Konditionen?« –

»Finanzielle Ausgestaltung unsicher, Rückkehr vermutlich nach einem halben Jahr.« – »Herr Oberst, ich komme mit.«

Dasselbe Gespräch wiederholt sich mit dem anderen Offizier. Ich freue mich und bin beeindruckt. Alle Mitglieder meiner Crew gehen freiwillig. Dies sind gute Voraussetzungen für den Erfolg. Qualifizierte Unteroffiziere wollen mitgehen, mein Fahrer meint, er könne mich nicht allein lassen. Vieles ist in der Planung des Führungsstabes des Heeres nicht vorgesehen, wird aber problemlos genehmigt. So weiß ich wenigstens, daß ich mit einer leistungsfähigen Mannschaft antreten und die wichtigen Positionen meines zukünftigen Stabes mit Mitarbeitern meines Vertrauens besetzen kann. Es zeigt sich bald, daß dies ein Schlüssel des Erfolges sein wird.

Erste Eindrücke

Brigadegeneral von Kirchbach

Es ist der 19. September. Wir sind gerade bei der Planübung »Menschenführung« mit unseren Gästen aus Dresden, da werde ich ans Telefon gerufen. Der Divisionskommandeur will mich sprechen. »Sitzen Sie?« lautet die verdächtige Einleitung. Ich bestätige. Dem folgt die knappe Mitteilung: »Sie gehen mit Ihrer Mannschaft nach Eggesin.« Ich kann mit Eggesin nichts anfangen. Eine Karte soll weiterhelfen. »Schauen Sie ganz im Nordosten«, sagt er. Wenig später weiß ich Bescheid. Also nicht Dresden oder Halle, wie erhofft, sondern Eggesin in Vorpommern, direkt an der polnischen Grenze mit Stettin als nächster größerer Stadt.

Ich erzähle unseren Gästen aus der NVA von dieser Entscheidung. Ihre Reaktion ist spontane Anteilnahme. Eggesin ist offensichtlich höchst bekannt, ja fast berüchtigt in der NVA. Zum ersten Mal höre ich vom Land der drei Meere, dem »Waldmeer, dem Sandmeer und dem nichts mehr«. Diesen Satz und jenen von der »9. autonomen Panzerrepublik« sollten wir in den nächsten Monaten noch sehr oft hören.

Nun gilt es, ein Problem zu lösen: Keiner meiner Mitarbeiter weiß bislang, wo es hingehen soll. Mit Eggesin rechnet keiner. Und nach dem Stand der Planung wird für Eggesin wohl eher eine Mannschaft aus einer norddeutschen Division vorgesehen sein. Den Gedanken, meine Mannschaft gegen eine nicht bekannte aus Norddeutschland zu tauschen, kann ich nicht akzeptieren. So lasse ich alle über die neue Lage informieren. Keiner rückt von seiner Zusage ab. Die Personalauswahl hat sich zum ersten Mal bewährt. Noch oft sollte ich mich in den nächsten Monaten über meine Mitarbeiter freuen.

Meine »Patendivision« für Eggesin ist die 3. Panzerdivision aus Buxtehude. Ihr Divisionskommandeur bietet mir an, an einer gemeinsamen Einweisung der Kompaniechefs der Ausbildungskompanien der 9. Panzerdivision der NVA mit den für diese Kompanien vorgesehenen Unterstützungskommandos der Bundeswehr, die alle aus der 3. Panzerdivision kommen, teilzunehmen. Mit dem künftigen S-3-Ausbildung trete ich die Reise nach Buxtehude an.

Zu meiner Überraschung treffe ich dort Oberst Marschner, den amtierenden Kommandeur der 9. Panzerdivision der NVA, den ich am 3. Oktober ablösen werde. Unter vier Augen setzen wir uns zusammen. Die Befangenheit ist greifbar. Sie ist beidseitig. Am liebsten wäre es mir gewesen, ich hätte ihn überhaupt nicht mehr gesehen. Ich weiß nicht, was er denkt. Er sagt, er wisse erst seit einigen Tagen, daß er nicht im Amt bleibe. Nach allem, was wir später erleben, ist dies sehr glaubhaft. Ich frage ihn dann ganz offen, ob er im Dienst verbleiben will. Er bejaht. Ich sehe ein Problem vor mir, das sich allerdings später als gegenstandslos erweisen wird. Immerhin höre ich einiges über Eggesin. Eine Region, die völlig vom

Militär geprägt ist, eine graue Stadt mit den gesichtslosen Siedlungen der Soldaten der NVA. Ein großer Übungsplatz und viele kleinere Übungsplätze, 18 Prozent des Kreises Ückermünde sind militärisches Sperrgebiet. Die Division ist in fünf großen Kasernenanlagen stationiert. Viele weitere kleinere Anlagen beherbergen Truppenteile des Militärbezirkes und der Luftwaffe. Es gibt hervorragende Übungsmöglichkeiten und Ausbildungseinrichtungen, die Eindrücke aus Dresden bestätigen sich. Es gibt dort noch keine Information über die Möglichkeiten, im Dienst zu verbleiben. Unsicherheit ist die vorherrschende Stimmung. Den Lagevortrag höre ich nur zum Teil. Aber der Vortragende, Stellvertreter des Kommandeurs für Ausbildung (NVA), gefällt mir in seiner klaren militärischen Sprache.

Ich betrachte die Gesichter der mir künftig unterstellten Kompaniechefs, die für diese Aufgabe speziell von der alten Divisionsführung ausgesucht wurden. Die Bereitschaft, zuzuhören und zu fragen, ist unverkennbar. Die Idee, die Kompaniechefs mit den Chefs der Unterstützungskommandos zusammenzufassen, ist hervorragend. So können auch erste menschliche Brücken entstehen, die wir von Anfang an brauchen werden.

Umgeplant

Oberstleutnant i. G. Meyers

Als man im Juli 1990 in der Bundeswehr begann, Offiziere zu befragen, ob sie bereit seien, »in den Osten zu gehen«, um an der Vereinigung der beiden Armeen Bundeswehr und NVA mitzuarbeiten, fühlte ich mich zunächst überhaupt nicht angesprochen. Einerseits stand ich der Übernahme zumindest der Stabsoffiziere der NVA in die Bundeswehr äußerst ablehnend gegenüber. Wie viele andere, die ohne Hintergrundwissen ein Urteil fällten, glaubte auch ich, daß für das Unrecht, das in der DDR so vielen Menschen angetan worden war, auch die Offiziere der NVA persönlich mitverantwortlich seien. Später lernte ich schnell, daß diese Verallgemeinerung falsch war. Im September 1990 jedoch wollte ich mit der Vereinigung der beiden Armeen nichts zu tun haben.

Zum anderen konnte es mich auch gar nicht betreffen. Ich sollte zum 1. Oktober 1990 von meinem Dienstposten G 3 op 2 beim III. Korps in Koblenz als G 3 zur Panzergrenadierbrigade 13 nach Wetzlar versetzt werden. Eine Kommandierung in den Osten schien damit für mich ausgeschlossen. Noch am 12. September bestätigte mir dies der Chef des Stabes beim abendlichen Bier. Im Scherz meinte dabei ein anderer Offizier der Gesprächsrunde: »Es sei denn, Ihre neue Dienststelle teilt Sie dazu ein.« Wir lachten darüber.

Die nächsten beiden Tage war ich in meinem neuen Dienstort Wetzlar, um dort die Dienstgeschäfte zu übernehmen. Abends kümmerte ich mich um meine neue Wohnung, es war die schönste, die ich je gehabt hatte. Ich hatte eine Malerfirma mit der Renovierung beauftragt. Der Umzug war auf den 24. und 25. September 1990 terminiert. So schien alles in bester Ordnung. Doch als ich meinem neuen Brigadekommandeur die Übernahme der Dienstgeschäfte als G 3 melden wollte, versetzte er mich in einen schockähnlichen Zustand, indem er mir folgendes mitteilte: Der Kommandeur der Panzerbrigade 15 in Koblenz, ein Oberst von Kirchbach, gehe in den Osten, um dort eine Division zu übernehmen. Er wolle seinen G 3 mitnehmen. Da die Brigade 15 derzeit keinen G 4 habe, der für den G 3 einspringen könne und der stellvertretende Brigadekommandeur einen längeren Kuraufenthalt vor sich habe, beabsichtige die 5. Panzerdivision mich für ein halbes Jahr als G 3 zu dieser Brigade zu kommandieren. Ich würde also de facto eine Brigade führen müssen, die ich nicht kannte, und dazu ohne die wichtigsten Mitarbeiter, da Oberst von Kirchbach seinen halben Stab mitnehmen wolle. Nach Halle wurde mir gesagt. Der Brigadekommandeur gab mir den Rat, in diesem Fall lieber gleich mit Oberst von Kirchbach nach Halle zu gehen.

Ich war niedergeschlagen und enttäuscht. Ungefragt wurde ich verplant. Mir wurden zwei Alternativen aufgezeigt, die ich beide nicht wollte. Ich wollte nach Wetzlar. Aber das war wohl vorbei. Die Vertretung des G 3 in Koblenz bei der Panzerbrigade 15 kam für mich überhaupt nicht in Frage. Also nach Halle? Ich überschlief alles. Am nächsten Morgen hatte ich mich entschlossen, falls die Verwendung in Wetzlar tatsächlich hinfällig war, mit nach Halle zu gehen. Ich meldete mich im Korpsstab beim Chef des Stabes, ließ mir bestätigen, daß die vorgesehene Verwendung in Wetzlar für mich tatsächlich »gestorben« war. Ich wurde gefragt, ob ich bereit sei, mit in den Osten zu gehen. Ich hätte allerdings keine Alternative. Also sagte ich ja.

Am Dienstag, dem 18. September, war die abendliche Abschiedsfeier für die Offiziere, die aus dem Korpsstab versetzt wurden. Hier kam der zweite Paukenschlag. Ich erfuhr, daß nicht Halle das Ziel sein würde, sondern Eggesin. Ich suchte lange auf der Karte und fand »Eggesin« schließlich in der äußersten Nordostecke der DDR. So weit weg! Fortan erzählte ich, ich würde nach Sibirien geschickt.

Am Nachmittag ging ich zum Personalstabsoffizier, um mir die Liste der Mannschaft für Eggesin anzusehen. Ich kannte nur den G 4, Major i. G. Hoops, und den G 2, Hauptmann Weber. Der Fernmeldestabsoffizier – oder G-6-Dienstposten war noch frei. Ich sah aber, daß unter den Freiwilligenmeldungen auch die Major Bermbachs war, den ich gut kannte. Ich ließ ihn in die Eggesin-Liste eintragen.

Hinter einigen Dienstposten stand VK. Ich fragte, was das bedeute. »Vorkommando« war die Antwort. So wußte ich also am 18. September, daß ich nur noch eine Woche Zeit hatte. Es war knapp: Am 24./25. September der Umzug nach Wetzlar, am 26. würde es dann nach Eggesin gehen. Am

20. September meldete ich mich erstmals bei Oberst von Kirchbach: Wir unterhielten uns, er war mir sympathisch. Auch die anderen Offiziere und Unteroffiziere der Mannschaft gefielen mir. Das machte alles leichter.

Die erste Fahrt nach »drüben«

Oberstleutnant Vogt

Eggesin – Waldmeer, Sandmeer, nichts mehr. Wer die Sahara durchquert hat, läßt sich durch »Sandmeere« nicht erschüttern, denke ich mir.

Unter dem Begriff »Autonome 9. Panzerrepublik« vermuten wir eine waffenstarrende Region, mitten in der »Wildnis«, ohne Zivilisation, ohne zivile Bürger, ohne funktionierende Gemeinden und ohne »Leben« außerhalb der Dienstzeit. Drüben in Eggesin ist man zum gleichen Zeitpunkt aufgrund der Informationspolitik von Verteidigungsminister Eppelmann davon überzeugt, daß am 3. Oktober 1990 eine komplette Panzerbrigade in Eggesin einrollt und die NVA »zum Teufel« jagt.

Das Vorkommando hat kaum Zeit, die Marschvorbereitungen zu treffen, die Familien, die Freundinnen und auch den Bekanntenkreis zu beruhigen. Drei Tage bis zur Fahrt in das Ungewisse. Mir wird es von meiner Familie relativ leichtgemacht. Als Schleswig-Holsteiner haben wir seit längerem den Drang zu einer Verwendung im Norden. Und da geht es nun ja hin. Sogar noch nördlicher als Hamburg. Nur eben 400 km weiter nach Osten. Als die Familie dies merkt, bin ich schon unterwegs.

Die Vorbereitungen waren kurz und improvisiert. Was brauchen wir für den Anfang? Wir nehmen sicherheitshalber alles mit, was uns so für den dienstlichen Alltag einfällt und für die wenigen Stunden bis zur Bettzeit danach. Auch die erste Kiste Wein von unserem Winzer an der Mosel. Dann ist es soweit. Abmarsch nach Eggesin.

Es ist Dienstag, der 25. September 1990. Anzug Uniform, nato-oliv, Fahrzeug VW Golf. Mein Törn geht über Buxtehude, dem Standort unserer »Patendivision«. Letzte Kontaktaufnahme mit unserem Brigadekommandeur, der gerade bei der 3. Panzerdivision, unserem Couleurverband, weilt. Ich lerne hier auch den Divisionskommandeur der 9. Panzerdivision der NVA kennen. Oberst Marschner, verschlossen und ernst, aber auch abtastend. Am nächsten Tag geht es weiter. Über die Autobahn, Grenzübergang Gudow/Zahrentin. Beklemmend der erste Eindruck. Genau wie im August 1990 Herleshausen. Beton, Beton, der Mauerdurchlaß. Keine Kontrollen, aber trotzdem bedrückend. Mitten zwischen den Fahrbahnen ganz groß das Emblem – Hammer und Zirkel – »Sie betreten die Deutsche Demokratische Republik, den Arbeiter- und Bauernstaat«. Und Tempo 100. Ratatam, Ratatam. Autobahn Ost, obwohl erst neu gebaut. Die ersten LPGen tauchen auf. Vieles macht einen verkommenen und verfallenen Eindruck. Tore hängen schief, Glasscheiben sind kaputt. Aber das Licht brennt, trotz Tageslicht. Ein fragwürdiges Energiekonzept der Planwirtschaft.

Nach knapp 50 km Fahrt verlassen wir die Autobahn in Neustadt-Glewe. Über Parchim benutzen wir die F 191 (Fernverkehrsstraße 191) nach Plau, um dann auf der F 198 über Neustrelitz-Woldegk nach Pasewalk die Region Vorpommern zu erreichen, die für längere Zeit nicht nur unsere dienstliche Heimat werden soll. Erst später erfahren wir, daß wir eine der Aufmarschstraßen unserer künftigen Division befahren haben. In den Ortsdurchfahrten ist aufgrund der schlechten Straßenzustände Langsamfahren angesagt; dort erkennt man das ganze Ausmaß der verwahrlosten Infrastruktur. Und noch etwas stellen wir fest: Es wirkt alles sehr ungepflegt, teilweise mehr als verdreckt, hier wäre der Bürger gefragt. Die Menschen wirken zum Teil mürrisch und verschlossen. Man nimmt uns zwar zur Kenntnis, ist aber desinteressiert, manche wirken abgestumpft.

Bei Einbruch der Dunkelheit erreichen wir Hammer. Die Eggesiner werden später darüber lachen. Nicht wegen der Ortschaft, das ist ein recht beschaulicher Flecken mit sehr netten Menschen. Nein, wegen der Straße. Die eine Hälfte der »Straße« besteht aus Sand, die andere Hälfte aus holprigem Feldstein, Kopfstein genannt. »Sommerstraße« nennen sie die Vorpommern und lachen wieder. Man kann sie auch eine »Opferstraße« nennen, auf der Auspuffanlagen, Stoßdämpfer und auch Reifen von »Wessi-Autos« geopfert werden.

Wir sind im nordöstlichen Zipfel Deutschlands angelangt. Bis zur polnischen Grenze, nach Stettin, sind es kaum mehr als 30 km. Es ist Ende September. Vom Sommer spürt man nicht mehr viel in diesen Tagen. Es ist grau, der Wind schon herbstlich kühl, Regen ist angesagt. Und es wird früh dunkel. Langsam tasten wir uns über Torgelow auf einer Betonpiste mit Streifenbepflasterung nach Norden. Kasernen an Kasernen. Kilometerlang und trist und grau. Wie das Umfeld. Der Waldbestand wird dichter. »Achtung Panzer« steht auf Schildern, und abzweigende Feldwege sind mit schiefen rot-weißen Betonpfählen versehen. Wir haben den Teil der Militärregion erreicht, für den wir eine Woche später verantwortlich tätig werden. Ein Notstandsgebiet von ca. 400 Quadratkilometern Ausmaß. Vorwiegend von der NVA beeinflußt und geprägt. Es ist die Region mit dem höchsten Pro-Kopf-Umsatz an Alkohol in der DDR. Und mittendrin die Garnisonsstadt Eggesin, mit knapp 10000 Einwohnern, von denen mehr als die Hälfte direkt oder indirekt mit der Armee zu tun hat.

Das Vorkommando

Oberstleutnant i. G. Meyers

Am 20. September 1990 versammelt sich die Mannschaft für Eggesin erstmals beim Kommandeur der Panzerbrigade 15. Hier werden auch die ersten Aufträge für das Vorkommando formuliert. Zum Vorkommando gehören außer mir der G1, der S-1-Offizier mit S-1-Feldwebel, zwei S-3-Offiziere, ein S-4-Offizier und der G6 sowie einige Unteroffiziere und Mannschaften. Zu unserem Auftrag zählen neben so profanen Dingen wie Quartiermachen, Ausschilderung usw. vor allem eine möglichst umfassende Lagefeststellung sowie eine erste Kontaktaufnahme mit den Kommunen, den Kirchen, den Schulen und anderen Ansprechpartnern der Öffentlichkeit.

In Eggesin sind von der Divisionsführung schon Vorbereitungen getroffen worden. So stehen Unterkünfte in einem schlichten Wohnheim außerhalb der Kaserne zur Verfügung. Die Stuben sind einfach, aber sauber, die Sanitäreinrichtungen jedoch kaum zumutbar. In unserem Unterkunftsgebäude sind auch einige Damen und Herren der Standortverwaltung Oldenburg untergebracht, ein lustiges Völkchen, das die Umkleidung mit Bundeswehruniformen für die NVA-Soldaten durchführt. Abends bringen diese Leute oft NVA-Offiziere mit, die im Rausch üble Ausfälle zeigen und schließlich auf mein Bitten vom Divisionskommandeur Hausverbot bekommen.

Im Wohnheim ist eine kleine Küche eingerichtet. Zwei Ordonnanzen kümmern sich um uns. Mit ihnen führen wir die ersten Gespräche und erhalten einen ersten Eindruck über die oft erschreckende Art der Lebensumstände von Wehrpflichtigen in den Kasernen. Auch hören wir von den ersten Erlebnissen nach der Währungsunion: Westliche Geschäftemacher haben die Ahnungslosigkeit der Leute rücksichtslos ausgenutzt.

Vor der Kaserne in der Karl-Marx-Straße steht drohend ein Kampfpanzer T-34. An der Wache, hier Kdl (= Kontrolldurchlaß) genannt, merkt man aber, daß von Drohen keine Rede ist. Die Wachposten nehmen uns uninteressiert zur Kenntnis, eine Kontrolle findet nicht statt. Die Begrüßung im Stabsgebäude durch den Divisionskommandeur aber ist korrekt und freundlich. Ein Dienstzimmer ist vorbereitet, eine Sekretärin abgestellt, der gesamte Stab ist auf Zusammenarbeit angewiesen worden. Oberst Marschner gibt mir eine kurze Lageeinweisung, führt mich durch den Stab und die Kaserne und macht die Stabsangehörigen bekannt. Auffällig viele Offiziere und Fähnriche sind in Zivil und beim rühr- und oft weinseligen Abschiednehmen. Keiner verhält sich feindselig, aber Unsicherheit und Befangenheit sind allgegenwärtig. Es wird in diesem Stab nicht gelacht! Nur wenige Offiziere können den »Wessis« in die Augen schauen. Ihre erste Berührung mit dem Feind vieler Jahre ist nicht leicht. Beim Mittagessen dürfen der G 1 und ich mit in den Leitungsspeisesaal, wo sonst nur Kommandeur und Stellvertreter Platz finden.

Hier werden erste Gespräche geführt, nicht unfreundlich, der Divisionskommandeur gibt seiner Freude über die Entwicklung Ausdruck: vor allem aber darüber, daß nun ein Rechtsstaat entstehe. Es gibt auch Anbiederung, vorrangig von einem hohen Offizier, der uns dann am nächsten Abend im Vollrausch übel beschimpft. Doch insgesamt wird dem Vorkommando jede notwendige und geforderte Unterstützung gewährt. Man gibt bereitwillig Auskunft, zeigt, was gefordert wird, und erklärt, was nicht verstanden wird. Dieses ist recht oft der Fall. In der NVA bediente man sich einer anderen Sprache, anderer Abkürzungen, anderer Begriffsinhalte. Das Wort »Präzisierung« etwa wird von uns mit »mehr Genauigkeit« verbunden, beinhaltet hier jedoch eher eine »Veränderung«. Viele militärtypische Begriffe sind, was erst viel später bekannt wird, wörtliche Übersetzungen aus dem Russischen, die im West-Deutsch keinen Sinn ergeben.

Den Stab zu durchblicken, ist schwierig. Ich notiere am Abend des 27. September 1990: »Starke Aufgabenteilung, so daß es schwierig ist, den richtigen Ansprechpartner zu finden«. Tatsächlich sind im Stab ungewöhnlich viele Offiziere bis zum Dienstgrad Oberst tätig, die Aufgaben in einer sehr engen Handlungsbreite wahrnehmen. Das Unterstellungsverhältnis im Stab ist verwirrend. Neben dem Stellvertreter des Kommandeurs und Stabschefs, einem jungen, intellektuell wirkenden und hilfsbereiten Oberstleutnant, gibt es weitere Stellvertreter des Kommandeurs, Chefs der Truppengattungen, Leiter, Oberoffiziere u. a. Da nur sehr wenige Unteroffiziere oder Fähnriche und keine Mannschaften im Stab sind, müssen selbst Stabsoffiziere Aufgaben wahrnehmen, für die in der Bundeswehr Unteroffiziere und Obergefreite zuständig sind. Auch gibt es für Offiziere Aufgaben, die in der Bundeswehr von der Verwaltung getätigt werden oder ihres eher zivilen Charakters wegen überhaupt nicht vorkommen. Kulturarbeit, Sport, Handel sind beispielsweise Aufgabengebiete der Division.

Ich besuche mit dem Stabschef die Regimentsstäbe und die selbständigen Bataillone. Dabei bin ich zutiefst überrascht über die machtvolle Stellung dieses Offiziers. Auch im unterstellten Bereich sind oft noch sehr junge Offiziere in vergleichsweise hoher Funktion. Regimentskommandeure sind etwa vierunddreißigjährige Majore, Bataillone werden von sechsundzwanzigjährigen Hauptleuten geführt. Freilich ist deren Befehlsbefugnis durch eine straffe Reglementierung und durch fachlich vorgesetzte Befehlsgeber stark eingeschränkt.

Beeindruckend und zunächst nicht einzuordnen sind die vielen auf kleinem Gebiet konzentrierten Kasernenanlagen, die oft ungeheure Ausdehnungen haben. Hier wird klar, warum diese Region den Scherznamen »9. autonome Panzerrepublik Eggesin« trägt. Die Kasernen sind alle sauber und wirken oberflächlich gepflegt. Die Gebäude jedoch ebenso wie die Straßen, Sportanlagen und anderes zeigen Anzeichen des Verfalls. Der erste Gang in einen Unterkunftsblock jedoch bringt horrifizierende Einblicke. Stuben, Waschräume und Toiletten sind meist völlig verwahrlost. Es stinkt erbärmlich. Trotz des manchmal erkennbaren Bemühens, mit eigenen Mitteln Verbesserungen zu erreichen, ist überall nur die totale baulich-technische Vernachlässigung zu sehen.

Ein Stabsoffizier, der unkontrolliert brüllend Mannschaftssoldaten auf eine Art niedermacht, die mein Vorstellungsvermögen übersteigt, zeigt, wie es in der NVA um die Menschenführung bestellt war. Doch man trifft auch auf Vorgesetzte, die mit Schlitzohrigkeit und väterlichem Auftreten versuchen, das Los der in Bruchbuden hausenden Soldaten zu mildern. Leider ist das jedoch eher die Ausnahme. Wir erkennen, daß hier eine unserer Hauptaufgaben liegen wird. Mit großem Erstaunen nehmen wir zur Kenntnis, daß von den Bestimmungen des Einigungsvertrages nahezu nichts bekannt ist. Unsere Versicherung, daß viele der Offiziere und Unteroffiziere eine Zukunft in der Bundeswehr haben werden, trifft auf ungläubiges Staunen. Eine zweite Aufgabe, nämlich der Abbau des Informationsdefizites, tut sich auf.

Die Divisionsführung ist kooperativ. In »Auskunftsberichten« wird die Lage offen dargestellt. Trotz ungeheurer Schwierigkeiten vor allem im personellen Bereich ist das Bemühen, die Funktionsfähigkeit der Division zu erhalten, deutlich zu sehen. Dabei hat die 9. Panzerdivision auch erste Vorkehrungen zum Übergang zur Bundeswehr getroffen, insbesondere im Bereich der Ausbildung. Ein anderer Großverband am Orte, das Ausbildungszentrum 20, das die Kader einer MotSchützendivision stellt, schottet sich jedoch ab. Der Kommandeur, ehemals ein sehr hoher Politoffizier, hat von der Wende 1989 offenbar noch nichts gehört. Auch hier besteht Handlungsbedarf.

Bis zum 29. September 1990 haben wir nach fast pausenloser Arbeit einen groben Lageüberblick. Der G 1 und ich beschließen, das Vorkommando des zukünftigen WBK VIII Militärbezirk V in Alt-Rehse zu besuchen, um einige Dinge zu koordinieren. Die Abfahrt von Eggesin am frühen Morgen soll auf Wochen hinaus das letzte Mal sein, daß wir beide den Ort bei Tageslicht sehen. In Alt-Rehse, der nur auf den ersten Blick nicht üblen Residenz des Neubrandenburger Vorkommandos, sollen wichtige Dinge mit dem dortigen Personalstabsoffizier und dem G 3 geklärt werden. Beide Offiziere haben jedoch schwierigere Umstände als wir vorgefunden. Im Stab des NVA-Militärbezirks ist nur eine sehr bedingte Kooperationsbereitschaft vorhanden. So kann vieles nur improvisiert oder zunächst nur als Absichtserklärung vereinbart werden.

Der Mannschaftsbestand der 9. Panzerdivision war so gering, daß die Wachbelastung, insbesondere nach Abschaltung der hochspannungsgeladenen Sicherheitszäune, bedenkliche Formen angenommen hat. Dennoch sollen über 200 Soldaten zur Bewachung von Munitionslagern und Führungseinrichtungen im Raum Frankfurt/Oder abgestellt werden. Da etwa weitere 100 Soldaten zum Abbau der Grenzbefestigungen in Berlin eingesetzt werden sollen und darüber hinaus das Fla-RaketenRegiment 9 mit über 100 Soldaten der Luftwaffe unterstellt wird, besteht die Wahl zwischen den beiden Übeln, entweder Grundwehrdienstleistende, die noch keine allgemeine Grundausbildung abgeschlossen haben, mit zur Wache heranzuziehen oder den geschlossenen Einberufungsjahrgang Mai 1990 zur Wache einzusetzen. Wir wählen die zweite Möglichkeit. Diese Entscheidung ist wohl richtig. Sie beschert der Division jedoch ungeahnte Schwierigkeiten: Die »Generation der verlorenen Wehrpflichtigen« wird geschaffen. Die Soldaten der Einstellung Mai 1990 sollten in den nächsten Monaten fast ausschließlich den für sie öden und einseitigen Wachdienst leisten. Sie konnten die Bundeswehr nur begrenzt in ihren Vorzügen gegenüber der NVA erleben.

Seit Anfang des Jahres 1990 ist Eigentum der Division in großem Umfang zu Spottpreisen verkauft worden. Obwohl schon im August 1990 durch das Ministerium für Abrüstung und Verteidigung verboten, wird in der 9. Panzerdivision weiter verhökert und offen dafür geworben. Einvernehmlich beschließen die Vorkommandos, dies zu unterbinden und sich die abgeschlossenen Einnahmebilanzen aller Verbände durch die »finanzökonomischen Organe« vorlegen zu lassen. Die »Finanzer« arbeiten gut: Die Bilanzen zeigen die Preise, die Waren, die Käufer und die Verkäufer. Zu den Anlagen der 9. Panzerdivision gehört auch der fast 7000 Hektar große Truppenübungsplatz Jägerbrück. Ein Teil dieses Geländes und weiteres außerhalb ist dem Jagdrevier des früheren DDR-Verteidigungsministers Heinz Hoffmann zugeordnet. Die 9. Panzerdivision war für die Bewachung des daraufstehenden Jagdhauses verantwortlich. Wir beantragen, am 4. Oktober 1990 von diesem Auftrag entbunden zu werden. Eine Entscheidung fällt nicht. Viel Ärger soll zu diesem Thema noch kommen.

Wichtig erscheint uns jedoch zunächst ein anderes Problem. Da die Befehlsgewalt der alten Kommandeure am 2. Oktober 1990, 24.00 Uhr, enden wird, die neuen Kommandeure jedoch erst am 4. Oktober 1990 eingeführt werden, besteht die Gefahr, daß ein Befehlsvakuum entsteht.

Wachsoldaten in Eggesin haben ihren Ungehorsam gegenüber dem Divisionskommandeur für diesen Fall schon angekündigt. Deshalb wird vereinbart, vorbeugend eine Kommandoübergabe vom Divisionskommandeur an mich herbeizuführen. Oberst Marschner stimmt diesem erleichtert zu. Er hat wohl auch große Sorge gehabt. In einem gemeinsamen Befehl zur Aufrechterhaltung des Dienstbetriebes werden alle geltenden Befehle, Weisungen und Regelungen über den 2. 10. 1990 hinaus aufrechterhalten. Neu waren der Befehl, die Hochspannungssicherungen abzuschalten, und das bekräftigte Verbot des Verkaufes von Divisionseigentum. Der erst spät am 2. Oktober 1990 eingehende »Befehl Nr. 1 des Bundeswehrkommandos Ost für Führung, Ausbildung und Organisation« macht mein Interregnum überflüssig und bestätigt die NVA-Kommandeure bis zur Kommandoübergabe.

Dieses ist übrigens schon der zweite »Bundeswehrbefehl«, der das Vorkommando erreicht. Der erste Befehl beinhaltet die Anpassung der NVA an die Bundeswehrregelung zu Haar- und Barttracht der Soldaten. Wir stellen uns im stillen die Frage nach den Prioritäten. In den nächsten Tagen wird die Lagefeststellung abgerundet. Divisionskommandeur sowie alle Kommandeure der Verbände werden aufgefordert, Zustandsberichte mit umfassenden Angaben zu allen Gebieten zu erstellen. Zur Abrundung werden ungezählte Einzelgespräche mit Offizieren und Fähnrichen des Divisionsstabes, mit Personalräten, Vertrauensleuten, der Standortwohnungskommission, ehemaligen Politoffizieren, Finanzfachleuten, ehemaligen Stasi-Offizieren, dem Militärstaatsanwalt und anderen geführt (siehe dazu auch Anhang, S. 182/183).

Erste Schritte in die Öffentlichkeit

Oberstleutnant Vogt

Zwei Divisionen in dieser Region, eine davon gekadert und als Unteroffiziersschule in Funktion, beherrschen das Stadtbild von Eggesin, in dem auf engstem Raum mehr als 15000 Soldaten und zwei konkurrierende Divisionskommandeure agieren und auch diktieren. Die Strukturen des Parteiapparates der SED von unten nach oben mit ihrer unüberschaubaren Verflechtung und Verfilzung in allen Institutionen, Firmen und Einrichtungen, die straffe Organisation der Jugend vom frühesten Alter an in Junge Pioniere und Freie Deutsche Jugend, die teilweise vormilitärische Ausbildung in dem Armeesportverein und der Gesellschaft für Sport und Technik, das alles hört nach der Wende bzw. am Tage der Vereinigung auf zu bestehen. Vieles aber bleibt, bedingt durch Filz. Vor allem bleiben viele der vorher schon führenden Köpfe, trotz erfolgter Neuwahlen im Frühjahr. Das alles haben wir gewußt. Wir wissen aber nicht, wer sich hinter den Köpfen verbirgt, als ich, mitverantwortlich für die Presse- und Öffentlichkeitsarbeit, noch vor dem Tage der Vereinigung losziehe, um erste Kontakte zur Öffentlichkeit aufzunehmen und den Antrittsbesuch des neuen Divisionskommandeurs unmittelbar nach dem 3. Oktober 1990 vorzubereiten.

Relativ schnell und einfach erfolgt der erste Kontakt mit der Presse. Im kleinen Dienstanzug mit rotem Fla-Barett ziehe ich zu Fuß durch Ückermünde und werde allgemein intensiv, aber wertfrei gemustert. Teilweise macht man mir auf dem Bürgersteig Platz. Die Macht der vergangenen Gewohnheit. Für mich aber doch erschreckend. Die Presse, vertreten im Regionalbüro des »Nordkurier« durch eine Redakteurin, ist sehr wißbegierig. Wir einigen uns auf eine direkte und unkomplizierte Zusammenarbeit – tauschen Gedanken aus und sprechen über das vor uns Liegende mit Blick auf den Tag der deutschen Einheit.

Mit der Teilnahmezusage zum Kommandowechsel am 4. Oktober 1990 in der Tasche ziehe ich weiter zur Kreisverwaltung Ückermünde. Hier wird es richtig interessant. Nach fünf Tassen Kaffee in fünf verschiedenen Büros und guten Gesprächen mit Ressortleitern stehe ich endlich vor dem Landrat des Kreises Ückermünde, der blaß und auch etwas hilflos vor einer großen Kiste mit einer Fülle von Gesetzes- und Verordnungstexten steht, sich über die Abwechslung freut und mich in ein langes Gespräch verwickelt. Die ungeheuren Probleme der Kommunen werden hier schon deutlich. Ohne Unterstützung müssen sie sich in kürzester Zeit darauf einstellen, den bisher unmündigen und in Verwaltungsverfahren unbeholfenen Bürgern die gesamte Palette der deutschen Gesetzgebung zu verdeutlichen. Der Landrat ist den Umgang mit Offizieren gewohnt, war er doch selbst Leutnant in der NVA gewesen.

In den nächsten beiden Tagen fahre ich zu allen Gemeinden unserer Garnison, bereite den Antrittsbesuch des neuen Divisionskommandeurs vor und werde von allen auf etwa die gleichen Probleme und Wünsche in den Kommunen hingewiesen. Zunächst löst der Besuch eines Vertreters der Armee großes Erstaunen aus. Derartiges war bisher nicht üblich. Normalerweise wurden die Vertreter der Kommune durch die SED-Kreisleitung bzw. durch die Divisionen selbst bei speziellen Anlässen zur Anwesenheit verpflichtet. Doch dann kommt man immer schneller zur Sache, zu den dringendsten Problemfeldern, die von allen gleichermaßen angesprochen werden. Sie seien hier nur in Stichworten aufgezählt, da sie an anderer Stelle ausführlich abgehandelt werden:

- Die Ablehnung der NVA durch die Zivilbevölkerung,
- die immer noch schleppende und damit die Bürger genauso wie die Kommune belastende Arbeitsweise der Arbeitsämter,
- die Unsicherheit bei der Anwendung der Sozialgesetze für die Bürger, dabei auch die Scheu der Bürger vor dem Sozialamt (Bettelstelle), Auswirken des »Schwarzen Kanals« von Sudel-Ede!,
- die angespannte Wohnungslage unter gleichzeitiger hoffnungsvoller Zuversicht auf Freigabe von NVA-Liegenschaften zugunsten der Kommune,
- die immer umfangreicher werdenden ungeklärten Eigentumsfälle innerhalb der Gemeinden.

Hier spüre ich, und es wird mehr als deutlich, welche Chance wir als Bundeswehr in der Öffentlichkeit haben, wenn wir schnell und unbürokratisch im Rahmen unserer Möglichkeiten mit Rat, Tat und auch durch materielle Unterstützung helfen.

Die Aufnahme beim Landrat von Pasewalk, meinem letzten Besuch vor dem Tage der Vereinigung, ist mehr als beeindruckend. Selten ist mir von einem in politischer Verantwortung stehenden Menschen so viel Herzlichkeit, Offenheit und

Zusage entgegengebracht worden. Die Einladung zum Festtag des Kreistages Pasewalk für den 3. Oktober 1990 ergibt sich selbstverständlich. Dieser Festakt, an dem wir mit zwei Offizieren des Vorkommandos in Uniform teilnehmen, ist für uns wohl das ergreifendste Erlebnis der ersten Tage in Vorpommern.

Letzte Vorbereitungen

Oberstleutnant i. G. Meyers

Das Vorkommando macht sich daran, die Aufnahme der Kommandeur- und Unterstützungsgruppen sowie des Ausbildungsteams, die ab 8. Oktober 1990 die Allgemeine Grundausbildung in elf Kompanien anleiten sollen, vorzubereiten. Es werden Lageskizzen, Angaben zur Unterkunft, erste Aufträge sowie Einladungen zu einem gemeinsamen Abend am 3. 10. 1990 erstellt. Oberst von Kirchbach hat dieses angeordnet. Er hat seine Vorstellungen zum Übergabeappell der Division, der Regimenter und Bataillone mitgeteilt. Dazu sind auch aus Neubrandenburg vom Vorkommando beim Militärbezirk V Befehle eingegangen. Die Durchführung wird an den Stabschef übergeben. Er gibt die notwendigen Befehle mündlich. Das ist ungewöhnlich für uns, an die Bundeswehrbürokratie Gewöhnten.

Vorbereitet wird ebenfalls die Umgliederung des Stabes nach Führungsgrundgebieten. Das ist nicht einfach, mancher Offizier ist nicht zuzuordnen. So müssen später noch verschiedene Änderungen vorgenommen werden. Aber die Neugliederung ist nötig. Die vielen fachspezifischen Befehlsstränge lassen zuviel Wildwuchs bei der Umgestaltung der Division zu.

Oberst von Kirchbach hat wissen lassen, daß er vorsieht, mich zunächst ausschließlich als Chef des Stabes einzusetzen. Um diese Funktion effektiv ausüben zu können, befehle ich, daß alle schriftlichen und mündlichen Informationen, die in den Stab einfließen oder ihn verlassen, ab 3.10.1990 über meinen Tisch gehen müssen. Alle diese Maßnahmen werden vom damaligen Divisionskommandeur als sinnvoll angesehen. Ich informiere ihn aus Höflichkeit, nicht jedoch nach seiner Zustimmung fragend. Andere Offiziere jedoch sind überhaupt nicht mit der Planung zufrieden, der Stabschef etwa scheint überrascht über die angekündigte Entmachtung. Die Regiments- und Bataillonskommandeure erfahren, daß in ihren Verbänden ähnliches geschehen wird, und werden aufgefordert, entsprechende Vorkehrungen zu treffen. Nach dem Kenntnisstand des Vorkommandos sollen die Kommandeurgruppen der Bundeswehr die Führung übernehmen; die Unterstützungsgruppen jedoch sollen beratende Funktionen erhalten, was nicht immer sinnvoll ist, da es zur Unterstellung neuer Bataillonskommandeure unter alte Regimentskommandeure führen wird. Beim Vorkommando WBK VIII wird deshalb die Genehmigung, von der Planung abzuweichen, eingeholt.

Die Finanzen der Division sind angespannt. Ja, es gibt sogar Schulden. Viele Offiziere, Fähnriche und Unteroffiziere haben die Möglichkeit, gegen eine Abfindung den Dienst zu quittieren, genutzt. Das Geld für diese Abfindungen ist aber nicht angewiesen. Oberst von Kirchbach soll seinen Dienst mit 1,6 Millionen DM Schulden antreten. Auch die Gelder zur Unterhaltung der Fernmeldeverbindungen sind knapp. Deshalb wird von mir noch im September 1990 die Kündigung der postalischen Netze zu den »Wechselkonzentrierungsräumen« und Führungseinrichtungen veranlaßt. Das erspart unnötige Ausgaben von einigen zehntausend Mark.

Mit den Einkleidern der Standortverwaltung Oldenburg und den an dieser Großaktion beteiligten Soldaten und Zivilbeschäftigten der NVA wird im Hotel Mecklenburg der Abschluß der Umkleidung gefeiert. Das gibt ein wenig Abwechslung, die wir gerne annehmen. Aber es zeigt sich, daß ein unverkrampftes Miteinander noch nicht möglich ist.

Am 2. Oktober 1990 haben wir einen Meldekopf eingerichtet zur Aufnahme der weiteren ca. 80 Offiziere und Unteroffiziere aus dem Westen. Die Mehrzahl dieser Soldaten trifft an diesem Tag ein, manche erst am 3. Oktober 1990. Ihre Aufnahme ist wohl der anstrengendste Akt seit der Ankunft des Vorkommandos. Wir sind ohnehin gestreßt. Jetzt aber kommen Männer, die alle eine lange Fahrt hinter sich haben, alle sind über Hammer gekommen, alle haben Kaffeedurst, alle glauben, durch die zentrale Informationsveranstaltung in Hannover einen Wissensvorsprung zu haben. Sie stellen tausend Fragen, wir versichern, Antwort zu geben. Ein Hauptmann glaubt, alles besser zu wissen, korrigiert mich permanent und penetrant und fragt schließlich, was das Vorkommando in den letzten sieben Tagen eigentlich gemacht habe. So beginnt seine Zeit in Eggesin mit einem Rausschmiß aus dem Stabsgebäude. Die meisten Ankömmlinge jedoch kommen mit gespanntem Interesse und feurigem Schaffensdrang. Eine gute Mannschaft, mit der wir in den nächsten Monaten ausgezeichnet arbeiten werden.

Abends setzen wir Vorkommando-Leute uns mit den StOV-Leuten im Aufenthaltsraum des Wohnheimes zusammen. Die Ordonnanzsoldaten, schon in der noch steif wirkenden Bundeswehruniform, haben etwas festlich gedeckt. Wir essen zu Abend, trinken gemeinsam und sehen fern. Die Menschenmenge in Berlin, die Feiern, das ergreift uns. Um Mitternacht singen wir gemeinsam die Nationalhymne und trinken den guten Pasewalker Cognac auf die Einheit unseres Vaterlandes.

Am 3. Oktober 1990, dem Tag der Einigung, ist Feiertag – jedoch nicht für uns. Wir treffen letzte Vorbereitungen für die Ankunft unseres Kommandeurs. Später als an den anderen Tagen gehen wir durch die Wache, wo ich vom in Bundeswehruniform gekleideten Wachhabenden Meldung erhalte. Das Auftreten der Wache ist erstmals diszipliniert; doch das ist wohl ein positiver Ausrutscher, tags darauf ist es schlecht wie zuvor. Im Stab stellen wir mit Überraschung fest, daß an der Tür zum Dienstzimmer des Divisionskommandeurs ein Schild mit der Aufschrift »Oberst von Kirchbach« hängt. Oberst Marschner zeigt viel Gespür für Takt.

Wir stellen den Lagevortrag für den Kommandeur zusammen. Die letzten West-Offiziere treffen ein. Einige Ankömmlinge vom Vortag kommen, geben erste Eindrücke wieder. Es ist ein insgesamt ruhiger und harmonischer Tag. Wir sind stolz auf unsere Arbeit und hoffen, daß auch Oberst von Kirchbach zufrieden sein wird. Abends versammeln sich alle Offiziere, Unteroffiziere und Mannschaften der alten Bundeswehr im früheren Haus der NVA. Wir erwarten unseren Kommandeur.

Die deutsche Einheit – Von Berlin nach Eggesin

Brigadegeneral von Kirchbach

In Hannover gab es am 1. Oktober 1990 die erste Gelegenheit, mit den Soldaten zusammenzukommen, die aus dem Westen in meinem Kommandobereich dienen sollten. Der Inspekteur des Heeres hatte alle Heeressoldaten, die in den Osten kommandiert wurden – außer den Vorkommandos – zu einer Einweisung zusammengerufen.

Die mir zugeteilten Soldaten machen einen engagierten Eindruck. Ich wiederhole die Worte des Befehlshabers, des Bundeswehrkommandos Ost, Generalleutnant Schönbohm: »Wir kommen nicht als Sieger zu Besiegten, sondern als

Deutsche zu Deutschen.« Ich fordere Leistungs- und Verzichtbereitschaft und kündige an, daß es in den ersten Monaten keinerlei Dienstausgleich in Form der zeitlichen Vergütung geben wird. Ich habe den Eindruck, und dies bestätigt sich später, man versteht mich. Gleichzeitig ergibt sich auch die Gelegenheit, die Soldaten mit meinen in Buxtehude erworbenen Kenntnissen von Eggesin vertraut zu machen.

Dann geht es weiter nach Berlin. Ich will die Nacht der Einheit dort verbringen. Mit meinem Bruder zusammen beginne ich den Abend am Alexanderplatz. Das Abendessen in einem Lokal in Ost-Berlin, Hauptstadt der DDR, einzunehmen, ist schwierig, alles ist voll. Vom Alexanderplatz über die einstmalige Prachtstraße »Unter den Linden« drängen sich die Menschen. Es herrscht eine unbeschreibliche Stimmung. Fast alle haben schwarz-rot-goldene Fahnen mitgebracht. In Gruppen ziehen die Leute die Straße entlang, vorbei an den vielen Ständen, vorbei an allen Attraktionen dieser Nacht, an Veranstaltungen der Bundesländer, an Tanzgruppen und Weinausschank. Zum ersten Mal, von der Stimmung des Augenblicks angesteckt, kaufe auch ich mir eine deutsche Fahne, ich wähle die Bundesdienstflagge mit dem Adler. Stimmengewirr, überall Musik. Die Stimmung ist festlich, nicht überschäumend. Je näher wir an das Brandenburger Tor kommen, desto schwieriger ist es, überhaupt vorwärtszukommen. Dicht an dicht drängen sich die Menschen. Dann sind wir am Brandenburger Tor vorbei, ziehen weiter zum Reichstag.

Bald gibt es kein Fortkommen mehr. Über die Lautsprecher tönt feierliche Musik. Wir stehen unter Hunderttausenden. Fahnen werden geschwenkt, leise unterhält man sich mit seinen Nachbarn, Kinder werden auf die Schultern genommen, sie sollen nichts von dieser Nacht versäumen. Stellt man sich auf die Zehenspitzen, kann man gerade die Spitze des Fahnenmastes ausmachen, auf der gleich die neue alte Fahne gehißt werden soll. Dann ist es Mitternacht. Der Bundespräsident spricht wenige bewegende Worte. Die

Hymne erklingt. Die Menge stimmt ein. Alles singt mit, die Worte von Einigkeit und Recht und Freiheit haben für mich und viele andere Deutsche nie schöner geklungen.

Die Einheit ist Wirklichkeit. Wer hätte dies zu hoffen gewagt. Dann strömen die Menschen wieder auseinander, verteilen sich in der Stadt. Auch wir ziehen weiter, landen in einer Kneipe am Kurfürstendamm. Wir kommen spät heim in dieser Nacht.

Die Erinnerung an die Nacht der deutschen Einheit in Berlin weicht langsam der Spannung. Ich bin auf dem Wege nach Strausberg zur Übergabe des Kommandos über das Bundeswehrkommando Ost an General Schönbohm. Eine kurze würdige Zeremonie. Der Minister redet, beschreibt die Größe der vor uns liegenden Aufgabe. Auch der ehemalige Minister für Abrüstung und Verteidigung, Eppelmann, spricht. Fast scheint es so, als sei er froh, der Verantwortung entbunden zu sein. Dann ist Schluß.

Ich schenke mir den Empfang, fahre mit meinem vollbeladenen Privatwagen Richtung Eggesin. Die Autobahn ist schlecht und holprig, es wird immer schlimmer, je weiter man nach Norden kommt. Die Gegend, immer flacher werdend, wird auch immer grauer. Die beginnende Dämmerung verstärkt diesen Eindruck. Ich frage nach dem Weg. Immer in Richtung Stettin, dann in Torgelow links ab, wird mir gesagt. Ich folge dieser Anweisung. Dann das Ortsschild Eggesin. Das Vorkommando hat ausgeschildert. Ich stehe vor einem Podest mit einem Panzer, einem T-34. Hier liegt der Stab der 9. Panzerdivision, ich bin am Ziel.

Gleißende Scheinwerfer vor dem Haus der Armee. Ein Fernsehteam des Südwestfunks, das die ersten Schritte verfolgen will, filmt die Ankunft. Der G 1 meldet, im großen Saal haben sich Offiziere und Unteroffiziere meines Kommandos, die aus dem Westen mitkamen, versammelt. Wir wollen den letzten Abend, an dem wir nicht in Verantwortung stehen, gemeinsam verbringen. In einer improvisierten Rede versuche ich noch einmal, alle auf die Aufgabe einzustimmen. Hier erst gibt es die erste Gelegenheit, mit den künftigen Regimentskommandeuren und Bataillonskommandeuren ein ruhiges Gespräch zu führen.

Eines steht für mich von Anfang an fest. Wir wollen die Verantwortung ganz, sind nicht als Berater, sondern als Führer hier. Dies gilt nicht nur für die Kommandeure, sondern auch für die Offiziere der Stäbe.

Am nächsten Tag, dies habe ich mir vorgenommen und dies hat das Vorkommando auch so vorbereitet, wird der Stab nach Bundeswehrgesichtspunkten umgegliedert. Ich wiederhole meine Anweisung, auf zeitlichen Dienstausgleich über die nächsten Monate zu verzichten und »westliche Präsenz« auch an den Wochenenden zu garantieren. Dies ist angesichts der weiten Fahrtwege nach Hause und des hohen Anteils verheirateter Soldaten eine anspruchsvolle Forderung. Aber sie ist unverzichtbar. Nichts soll uns von der Aufgabe ablenken. Gegen 23.00 Uhr trennen wir uns. Für mich ist ein Zimmer im Ledigenwohnheim reserviert. Es ist groß, sauber, aber ohne Komfort. Die Dusche ist auf dem Gang. Aber zunächst geht es. Andere haben weniger Glück gehabt. Sie müssen sich ihre Unterkünfte in heruntergekommenen und verdreckten Wohnheimen selbst herrichten.

Nach unruhigem Schlaf und Frühstück mit dem künftigen Chef des Stabes gehe ich zum Stabsgebäude, wo mich Oberst Marschner empfängt. Er überreicht mir die Übergabeverhandlung. Dann gehen wir durch den Stab. Die Offiziere tragen über die Aufgaben vor, die sie im alten System hatten. Sie fühlen sich beim Tragen der neuen Uniform sichtlich unwohl. Viele Blicke weichen meinem aus. Ich werde mit einer Art der Disziplin konfrontiert, die in der NVA befohlen war, die uns aber fremd ist. »Gestatten Sie, daß ich spreche, gestatten Sie, daß ich eintrete, gestatten Sie, daß ich wegtrete« sind Formeln, die wir nicht kennen. Nahezu jede Tür ist von innen verschlossen. So ist Kommunikation im Stabe fast unmöglich. Die Eindrücke verschwimmen. Alles erscheint unwirklich.

Der Befehlshaber kommt mit einem Hubschrauber sowjetischer Bauart. Abordnungen aller Truppenteile der Division sind vor dem Stabsgebäude angetreten. Vertreter des zivilen Bereiches, Bürgermeister und Landräte sind anwesend. Der (alte) Stabschef meldet. Es ist sein letzter Auftrag.

Der Befehlshaber beschreibt in einer kurzen Ansprache die Größe der vor uns liegenden Aufgabe. Dann entbindet er Oberst Marschner von seinem Kommando. Was mag in ihm vorgehen? Später werden wir darüber reden. Ich kann meine Gefühle kaum beschreiben. Es ist eine Mischung von Spannung, Dankbarkeit, Mitleid, Entschlossenheit und innerer Bewegung. Ich übergebe die Regimenter, danke den alten Kommandeuren, führe die neuen ein. Einige aus der NVA kommende Offiziere werden in ihrem Kommando bestätigt. Sie werden ihre Verbände auflösen müssen. Mit fast allen von ihnen wird es eine gute Zusammenarbeit geben. Ich halte eine kurze Rede, greife Worte des Befehlshabers auf und fordere Zusammenarbeit. Ich wünsche allen Kommandeuren Soldatenglück und Gottes Segen. Darauf werde ich später von zivilen Gästen angesprochen. Ein Bürgermeister schildert mir seine Bewegung angesichts dieses Wunsches.

Ein kurzer Empfang, ein Glas Sekt. Dann ist alles vorbei. Wir gehen ins Planungszimmer. Das Vorkommando trägt vor. Ich werde umfassend informiert. Das Vorkommando hat hervorragende Arbeit geleistet. Dann geht es an die Arbeit. Es wird spät.

Abschied von der NVA – Gedanken des letzten Divisionskommandeurs

Oberst Marschner (NVA)

Meine Gedanken am 3. Oktober 1990 kann ich nicht auf diesen einen Tag reduzieren, auch nicht auf den Zeitraum vom 2. bis zum 4. Oktober 1990, d. h. auf die Zeit vom Einholen der alten bis zum Aufziehen der neuen Dienstflagge. Es ist mehr, woran ich mich an diesem Tag erinnere, es ist letztlich die Erinnerung an den endgültigen Abschluß des etappenweisen Abschiednehmens von einem Beruf, der mich 25 Jahre geformt und erzogen hat, diszipliniert und oft mit hohem persönlichem Kräfte- und Zeitaufwand alle Aufgaben zu erfüllen.

Die vom damaligen Minister Eppelmann entwickelte Variante, daß aufgrund der unterschiedlichen Bündniszugehörigkeit für die Abrüstung der NVA ein Zeitraum von drei bis fünf Jahren vorgesehen wird, hielt sich nur kurze Zeit. Das hätte zwar auch für mich bedeutet, noch drei bis fünf Jahre der Ab- und Umrüstung der NVA sozial abgesichert zu dienen, aber als im Juli im Kaukasus durch Präsident Gorbatschow alle bis dahin geltenden bündnispolitischen Vorbehalte der Sowjetunion aufgegeben und die Obergrenze von 370000 Soldaten für die Bundeswehr fixiert wurde, war auch mir klar, daß man aus dem angestrebten Personenzugtempo bei der Zusammenführung der beiden deutschen Armeen schlagartig auch bei den Streitkräften das bereits in allen anderen Bereichen übliche Schnellzugtempo einschlagen würde. Dadurch verloren plötzlich all die bis dahin geprägten Begriffe wie Militärreform, Zusammenwachsen der Streitkräfte, sozial verträglicher Prozeß der Abrüstung der NVA über Jahre hinweg ihre Gültigkeit. Die damit verbundenen Inhalte, die auf einen mehrere Jahre dauernden Prozeß der Reduzierung der NVA abzielten, waren ebenfalls nicht mehr gültig.

Aus der Illusion des langsamen Zusammenwachsens wurde die Erkenntnis, daß die NVA, wenn überhaupt, dann nur noch übernommen wird. Die Unsicherheit bei mir wie bei der Mehrzahl der Berufssoldaten wuchs, die Verantwortung für die sichere Aufbewahrung von Waffen, Gerät und dazugehörender Munition nahm aber nicht ab. Die Fragen über die persönliche Zukunft nahmen zu, die Antworten wurden immer spärlicher und unglaubwürdiger. Die personell überbesetzten, vorgesetzten Stäbe, die zu normalen Zeiten fast wöchentlich im Verantwortungsbereich waren, um zu prüfen, ob wir alles, wie in den Befehlen festgelegt, erfüllten, hatten plötzlich die gleichen Sorgen wie wir und waren überwiegend nur noch mit sich beschäftigt.

All das machte mir klar, daß ich in sehr kurzer Zeit mich wandeln mußte von einem Kommandeur, dem fast alles vorgeschrieben und aufdiktiert wurde, zu einem Kommandeur, der auf Hilfe und Unterstützung vorgesetzter Stäbe nicht mehr zu rechnen braucht. Deshalb stellte ich mir die Aufgabe für meinen Verantwortungsbereich, bis zur endgültigen Herstellung der deutschen Einheit, selbst und hatte sie wie folgt formuliert:

1. Gewährleistung der ständigen Loyalität zur Regierung de Maizière und Sicherung, daß die 9. Panzerdivision bis zur deutschen Einheit ein wesentlicher Faktor der Stabilität, Ruhe und Sicherheit im Kreis Ückermünde bleibt.
2. Gewährleistung der Sicherheit aller im Verantwortungsbereich sich befindlichen Liegenschaften sowie der ständigen Vollzähligkeit der Technik, Bewaffnung und Munition.
3. Aufrechterhaltung der Führungsfähigkeit aller Einheiten unter den ständig komplizierter werdenden Bedingungen.

Diese drei Aufgaben mußte ich mit Armeeangehörigen erfüllen, deren Gesamtzahl sich ständig verringerte, die selbst oft nicht mehr wußten, wofür sie etwas tun, die selbst beruflich erst einmal fast perspektivlos waren und die ihre zur Regierung de Maizière bekundete und erwiesene Loyalität in der

Praxis nicht bestätigt sahen. Die Erfüllung dieser Aufgaben wurde zunehmend schwieriger und komplizierter, und das baldige Herbeisehnen geordneter Verhältnisse im Land und in der Armee wurde auch bei mir innerlich immer stärker. Damit verbunden fiel es mir auch immer leichter, schon vor dem 3. Oktober 1990 Abschied zu nehmen von der Armee, in der ich 25 Jahre gedient hatte.

Abschied ist immer verbunden mit einem Neubeginn, und damit hatte ich erheblich mehr Probleme. Das fing bei Kontakten zu Bundeswehrangehörigen an. In Gesprächen mit Offizieren anderer Divisionen erfuhr ich von den Aktivitäten der Bundeswehrangehörigen in ihren Standorten, und bei mir tat sich wiederholt die Frage auf, ob man uns vergessen hatte, denn außer einigen offiziellen Delegationen wollte anscheinend keiner mit uns etwas zu tun haben. Das erhöhte die Unsicherheit für die Zukunft, weil man annahm, daß die Häufigkeit der Besuche im direkten Zusammenhang mit einem möglichen Fortbestehen des Standortes stünde. Damit verbunden erhielt ich auch viele Fragen von Bürgern, die deutlicher als je zuvor begriffen hatten, daß dieser wirtschaftlich schwache Raum auch zukünftig die Bundeswehr braucht. Ich bin deshalb heute besonders froh, daß sich auch meine Befürchtungen diesbezüglich nicht erfüllten und der Raum Eggesin Bundeswehrstandort geblieben ist.

Der Tag der Einheit kam immer näher, und zwangsläufig verstärkten sich die Fragen der Soldaten, besonders der Unteroffiziere, Fähnriche und Offiziere hinsichtlich ihres Neubeginns. Die Glaubwürdigkeit dessen, was wir dazu vom Ministerium für Abrüstung und Verteidigung erfuhren, sank immer weiter, und auch daraus resultierend, sehnte ich den 3. Oktober 1990 herbei, weil ich hoffte, daß dann verbindliche und klare Antworten gegeben würde.

Ich erfuhr Ende September 1990 rein zufällig aus Buxtehude, daß ich am 3. Oktober 1990 abgelöst werden würde, und man sagte mir auch, wer mich ablöst. Daß dieses schon aus politischen Gründen notwendig ist, war mir persönlich klar, und es überraschte mich keineswegs. Enttäuschend war für mich nur die Erkenntnis, daß man es bei den führenden Kräften des Ministeriums für Abrüstung und Verteidigung mit Eigenschaften wie Offenheit, Ehrlichkeit oder Wahrheitstreue nicht so genau nahm.

Die letzten Tage vor der deutschen Einheit verbrachte ich damit, Arbeitsbedingungen für das Vorkommando zu schaffen und die Übergabe der Division vorzubereiten. Es waren Tage der ersten Zusammenarbeit mit Soldaten der Bundeswehr. Es waren aber auch die letzten Tage des etappenweisen Abschiednehmens von der NVA, denn die Tage, ja die Stunden bis zur Auflösung der NVA konnte man zählen. Diese Tage fielen mir nicht schwer, denn ausgehend von der objektiv bedingten Unfähigkeit, auf die zukunftsorientierten Fragen unserer Soldaten eine glaubwürdige Antwort zu geben, waren die Angehörigen des Vorkommandos sofort die glaubwürdigen Gesprächspartner, und sie bemühten sich vom ersten Tage an, Vertrauen zu gewinnen. Für mich war in dieser Zeit wohltuend zu spüren und zu erleben, daß hier nicht Sieger zu Besiegten kamen, sondern Deutsche zu Deutschen.

Ab 3. Oktober 1990, dem Tag der deutschen Einheit, war ich Angehöriger der Bundeswehr. Ich war es dem Gesetz und dem Aussehen nach, auch wenn man an der neuen Uniform sofort erkannte, wer den ersten Tag in der Bundeswehr erlebte und wer schon länger diente. Ich war aber trotzdem noch kein richtiger Soldat der Bundeswehr wie auch noch kein richtiger Bundesbürger. Ich konnte mich nicht so fühlen, weil ich in dieser neuen »Eigenschaft« noch nicht tätig war, noch nichts erlebt hatte.

Mit der Übergabe der 9. Panzerdivision an Herrn Oberst von Kirchbach beendete ich innerlich diesen seit der Wende im November 1989 auch für mich ereignisreichen Entwicklungsweg. Ich war am Tag der Übergabe froh, meine mir selbstgestellte Aufgabe als erfüllt zu betrachten. Ich habe eine unter diesen Bedingungen führbare Division übergeben, die in dieser Zeit nach der Wende kein zusätzlicher Unruheherd im Territorium war, sondern stabilisierend auf Ordnung und Sicherheit wirkte. Ich habe eine Division übergeben, deren Bestand an Waffen, Munition und Sprengstoff vollzählig war.

Ich habe mich am Tag der Übergabe aber auch geschämt für die große Undiszipliniertheit einer Vielzahl von Soldaten, genauso wie für den schlechten Zustand der Unterkunftsgebäude und Kücheneinrichtungen.

Ich war optimistisch, daß bald wieder überall geordnete, auf rechtlicher Grundlage basierende Verhältnisse sich durchsetzen könnten, und war gleichzeitig pessimistisch, meine eigene weitere Entwicklung betrachtend. Freud und Leid lagen in diesen Tagen für mich, wie für viele andere, dicht beieinander. Es überwog aber die Freude darüber, nun im vereinten Deutschland zu leben, mit all den damit verbundenen und uns bis dahin vorenthaltenen neuen, vielfach besseren Seiten des menschlichen Daseins.

Der Auftrag

Oberstleutnant i. G. Meyers

Wenn auch nicht klar formuliert, läßt sich der Auftrag, den die 9. Panzerdivision ab dem 3. Oktober 1990 ausführen soll, doch ableiten: Aus bestehenden militärischen Strukturen der NVA sollen neue der Bundeswehr geschaffen werden. Daß unter diesen neuen Strukturen u. a. eine Heimatschutzbrigade und ein Artillerieregiment sein werden, ist bekannt. Doch insgesamt ist der Auftrag vage; erst nach und nach kommen Einzelheiten hinzu.

Anders ist es auch nicht möglich: Die Lage vor Ort ist vor

dem 3.10.1990 ja nur grob bekannt. Erst die Lagefeststellung dort und Meldungen an vorgesetzte Dienststellen können bei diesen eine Lagebeurteilung mit anschließender Antragsformulierung bringen. Also muß zunächst eine Lagefeststellung erfolgen, die sich insbesondere auf die Bereiche beziehen muß, die zur Bildung neuer Strukturen heranzuziehen sind. Dies sind:

- Das Personal der NVA, vorrangig der 9. Panzerdivision, aber auch anderer im Raum Eggesin bestehender Dienststellen, soll zu 90 Prozent den Personalbestand der Bundeswehrverbände stellen. Es ist also festzustellen, ob ausreichend Offiziere, Unteroffiziere und Zivilbedienstete vorhanden sind, die einerseits für diesen Auftrag geeignet und andererseits auch dafür bereit sind.
- Die vorhandene Infrastruktur soll die neuen Verbände und Einheiten aufnehmen. Hierzu ist also die Aufstellungs- und Stationierungsplanung anhand des Vorhandenen zu überprüfen und gegebenenfalls zu bestätigen, zu ändern, zu erweitern.
- Das Material der NVA, nach Weiternutzungsmöglichkeiten kategorisiert, muß bezüglich Qualität und Quantität überprüft werden.

Die Struktur einer Panzerdivision der NVA war uns im wesentlichen bekannt. Doch bei genauerem Hinsehen zeigen sich viele Abweichungen zu dem, was wir über die NVA gelernt haben. Die Turbulenzen der Wende und der Zeit danach haben ein weiteres getan. So war die Division auf nur noch ca. 3500 Soldaten geschrumpft. Dies war vor allem zu Lasten der Wehrpflichtigen geschehen. Die Führungsstrukturen bestanden mit Offz und Uffz fast noch komplett.

Der Division unterstehen sechs Regimenter, neun Bataillone, drei selbständige Einheiten, eine Truppenübungsplatzkommandantur und ein Musikkorps. Der Zustand all dieser Verbände ist sehr unterschiedlich; nahezu überall gibt es bemerkenswerte Besonderheiten.

Die Panzerregimenter Ursprünglich hatte eine NVA-Panzerdivision drei Panzerregimenter. Doch nach Honeckers Ankündigung, sechs Panzerregimenter aufzulösen, war einer dieser Verbände umgegliedert worden. So gibt es in der 9. Panzerdivision also nur noch zwei Panzerregimenter. Dieses sind das Panzerregiment 21 und das Panzerregiment 22. Beide sind in einem Kasernenkomplex in der Gemarkung Torgelow, Stadtteil Spechtberg, stationiert. Dieser Komplex wird durch eine Straße und eine Eisenbahnlinie so gekreuzt, daß vier einzelne »Objekte«, wie man hier die Kasernen benennt, entstehen. Für jedes Regiment besteht ein Bereich für Stab und Unterkünfte und ein »Gefechtspark« oder Technischer Bereich, wie man in der Bundeswehr sagt. Das Panzerregiment 22 soll für die Aufstellung des Stammpanzerbataillons der Heimatschutzbrigade 41 herangezogen werden, während das Panzerregiment 21 aufgelöst werden soll. Entsprechend gibt es eine Bundeswehr-Kommandeurgruppe für das Panzerregiment 22, aber nur eine Unterstützungsgruppe für das Panzerregiment 21. Für die Bataillone unterhalb der Regimentsebene kommen ebenfalls Kommandeurgruppen. Dadurch wird ein Bataillonskommandeur der Bundeswehr einem Regimentskommandeur der ehemaligen NVA unterstellt, was in der Praxis sehr schnell zu Problemen führt. Deshalb wird der Leiter der Unterstützungsgruppe Panzerregiment 21 zum Regimentskommandeur ernannt; zu prüfen ist, ob das Panzerregiment 21 dem Panzerregiment 22 unterstellt werden soll. So wären Auflösung und Neuaufstellung in einer Hand und an einem Ort. Der gemeinsame Kommandeur, unterstützt durch ein besonders gutes Team, geht mit ungeheurem Schwung an diese Aufgabe. Das später in Spechtberg entstehende Panzerbataillon 413 wird dadurch einen bedeutenden Vorsprung gewinnen.

Die Ausbildungsbasis 8 Aus dem früheren Panzerregiment 23 war nach Umstrukturierung ein Mot-Schützenregiment entstanden. Dieses wiederum war teilweise gekadert und zur Ausbildungsbasis 8 umbenannt worden. Diese Entwicklung war im Westen wohl nicht ganz nachvollzogen worden, so daß auf Gliederungsbildern der 9. Panzerdivision in Viereck-Stallberg, dem Stationierungsort der Ausbildungsbasis 8, ein »nicht identifizierter Verband« auftaucht. Die Aufgaben dieser Ausbildungsbasis sind tatsächlich schwer zu identifizieren.

[illegible] etwa Mitte 1990 war der Verband zweigeteilt in seinen [illegible] Zum einen gab es den Führungs-, Ausbildungs- [illegible] g des Regimentes, zum anderen gab es ein [illegible] ldaten in der Volkswirtschaft«, von dem [illegible] eeinsatz bzw. in die Produktion abge- [illegible]

[illegible] ndet sich die Ausbildungsbasis 8 [illegible] wirtschaftliche Einsatzauftrag exi- [illegible] usbildungsbasis 8 taucht in den Über- [illegible] ndeswehr nirgends auf, ihr ist weder eine Kommandeur- noch eine Unterstützungsgruppe zugedacht. Die vorgezogenen Auflösungsschritte haben dem Verband so viele Soldaten entzogen, daß Offiziere zu Posten- und Streifendiensten ebenso wie zum Putzen der Unterkünfte herangezogen werden müssen. Die Zukunftsangst aller Angehörigen der Ausbildungsbasis 8 ist größer als in anderen Verbänden; weiß man doch, daß kein Nachfolgeverband aufgestellt wird, ja nicht einmal Truppe in Stallberg stationiert wird. Durch gezielte Information, durch einen engagierten Kommandeur (ehemals NVA) und durch die Korrektur der Stationierungsplanung (Stallberg wird die Garnison der Panzergrenadierbataillone) kann den Menschen und dem Ort eine Zukunft geboten werden.

Das Mot-Schützenregiment 9 Das Mot-Schützenregiment 9 ist in Torgelow-Drögeheide stationiert. Infanterie ist immer mit vielen Soldaten verbunden; daraus resultieren meist auch viele Probleme. So ist es auch bei diesem Regiment. Das größte Problem ist der Zustand der Kaserne. Sind eigentlich alle Unterkünfte der 9. Panzerdivision in schlechtem Zustand, so findet man hier noch einmal eine Steigerung. Die Gesamtanlage in Drögeheide ist einfach katastrophal; die Küche trägt den Namen »Tropfsteinhöhle«, den Namen »Küche« hat sie nicht verdient.

Das Regiment soll zur Aufstellung der Panzergrenadierbataillone 411 (Stamm) und 412 (Aufwuchs) herangezogen werden. Die Aufstellung ist in Drögeheide geplant. Doch aufgrund des nur noch abrißwürdigen Zustandes der Kaserne wird später Stallberg dafür ausgewählt.

Die Disziplin der Soldaten des Mot-Schützenregimentes 9 ist schlechter als in anderen Verbänden. Schon zu NVA-Zeiten hat es Masseneingaben gegeben, die auch als Meuterei bezeichnet werden können. Deshalb ist es auch für die neue Regimentsführung besonders schwierig, die Disziplin auf ein akzeptables Niveau zu bringen.

Nach den Aufstellungsplänen des Verteidigungsministeriums soll die Artillerieabteilung des Mot-Schützenregiments 9 zur Aufstellung des Panzerartilleriebataillons 415 herangezogen werden. Diese Abteilung jedoch ist nahezu aufgelöst. Der Startnachteil des neuen Bataillons ist damit vorgegeben.

Das Artillerieregiment 9 In der riesigen Kaserne Karpin, einem Stadtteil von Eggesin, ist das Artillerieregiment 9 stationiert. Diese Kaserne soll der größte Artilleriestandort in den neuen Bundesländern werden; das Artillerieregiment 80 des Wehrbereichskommandos VIII und das Panzerartilleriebataillon 415 der Heimatschutzbrigade 41 sind hier aufzustellen.

Zunächst unterstellt der Kommandeur der 9. Panzerdivision die nur noch aus wenigen Männern bestehende Geschoßwerferabteilung 9 und die Führungsbatterie des Chefs Raketenartillerie dem Artillerieregiment 9. Der Regimentskommandeur, der für das Wehrbereichskommando VIII zugleich Divisions- und Wehrbereichsartillerieführer ist, kann damit aus den bestehenden Artillerieverbänden vor Ort die Neuaufstellung zielstrebig angehen.

Das Fla-Raketenregiment 9 Selten dürfte man einem militärischen Verband und seinen Soldaten so übel mitgespielt haben wie dem Fla-Raketenregiment 9. Am 4. 10. 1990 wird das Regiment aus der 9. Panzerdivision herausgelöst und einer Luftwaffendivision unterstellt. Schon zwei Wochen später wird es einem anderen Großverband der Luftwaffe zugeordnet. Dann stellt man fest, daß das Regiment keine Zukunft in der Bundeswehr haben wird. Also wird es zur Auflösung wieder der 9. Panzerdivision unterstellt. Die Information über die geplante Auflösung des Verbandes, der einen vergleichsweise hohen Stand der Einsatzbereitschaft erhalten hat, trifft die Offiziere und Unteroffiziere völlig unvorbereitet. Da man weiß, wie wenig Fla-Kräfte das Heer im Osten haben wird, hat man mit Massenentlassungen gerechnet. Der Divisionskommandeur beruhigt bei seinem Antrittsbesuch die Männer und versichert ihnen, eine faire Chance zu bekommen. Bei der Auflösung des Regimentes im März 1991 kann der Regimentskommandeur dann tatsächlich eine besonders hohe Übernahmequote in die Bundeswehr melden.

Die Bataillone Oberst von Kirchbach unterstellt die Divisionstruppen im Oktober 1990 dem Leiter der Kommandeurgruppe des Sanitätsbataillons 9. Das ist zum einen zur eigenen Entlastung sinnvoll, zum anderen besteht das Sanitätsbataillon 9 nur noch aus acht Soldaten und braucht damit nur eine sehr kleine Kommandeurgruppe.

Zu den Divisionstruppen zählt das Nachrichtenbataillon 9, in Eggesin beim Divisionsstab stationiert, welches zur Aufstellung des Brigadefernmeldezuges herangezogen werden soll. Das Aufklärungsbataillon 9 ist aufzulösen; da der neue Bataillonskommandeur später das Aufklärungsbataillon 80 in Beelitz aufstellen wird, kann er einen beträchtlichen Teil seines Personals dort einplanen. Das Pionierbataillon 9 wird zur Aufstellung der Panzerpionierkompanie 410 herangezogen. Instandsetzungsbataillon 9 und Nachschubbataillon 9 stellen verschiedene Kompanien für die Logistiktruppen des Wehrbereichskommandos VIII und des Korps/Territorialkommandos Ost auf. Das Sanitätsbataillon 9 und das ABC-Abwehrbataillon 9 sind aufzulösen. Das Personal kann jedoch ebenfalls für Verbände und Einrichtungen der höheren Kommandobehörden eingeplant werden. Die erheblichen Umweltaltlasten in allen Liegenschaften im Standort sollen für ABC-Abwehrbataillon 9 und Pionierbataillon 9 weitere Aufträge bringen. Der zentral zwischen allen Kasernen des Standortes liegende Truppenübungsplatz Jägerbrück wird weiter genutzt werden. So braucht die Kommandantur lediglich umgegliedert werden. Im Organisationsbefehl dazu wird der Kommandant zum Standortältesten der Gemeinde Jägerbrück benannt; diese existiert aber schon seit Jahren nicht mehr. Planung am grünen Tisch führt zu solchen Merkwürdigkeiten.

Erwähnenswert ist noch das Heeresmusikkorps Eggesin. 18 Musikern wird mit einem Federstrich die Spielfähigkeit abgesprochen. Beim ersten Besuch des Befehlshabers Bundeswehrkommando Ost, Generalleutnant Schönbohm, können diese Männer unter Führung eines Oberfeldwebels mit Bravour das Gegenteil beweisen.

Schließlich sind am Standort noch das Ausbildungszentrum 20, das ist eine zur Unteroffiziersschule gekaderte Mot-Schützendivision, ein Lazarett in Ückermünde und verschiedene kleine Dienststellen des Heeres sowie ein Fla-Raketenregiment der Luftwaffe. Anfang Oktober 1990 sind in Eggesin noch knapp 4000 Soldaten, zur Hälfte Offiziere und Unteroffiziere, die in sieben Kasernen und vielen kleineren Einrichtungen stationiert sind. Damit wird der Auftrag erfüllbar sein.

Personal ist in allen Dienstgraden genügend, ja sogar zuviel, vorhanden. Die Bereitschaft zum Verbleib in der Bundeswehr ist groß, doch kaum Information über das »Wie«

vorhanden. Die Männer sind gut ausgebildet, jedoch für die Bedürfnisse der NVA. Sie müssen also neu ausgebildet werden. Es gibt ausreichend Unterbringungskapazität. Jedoch wird es viel Geld kosten, diese menschenwürdig zu gestalten. Die Ausbildungseinrichtungen, insbesondere der Truppenübungsplatz, sind gut, sie können weiter genutzt werden. Es gibt zu viele militärische Sperrgebiete: Eine Öffnung und weitgehende Abgabe aus militärischer Nutzung wird erforderlich sein. Militärisches Material aller Art ist in Unmengen vorhanden. Es muß erfaßt, geordnet und größtenteils weggeschafft werden. Alle Liegenschaften sind mit umweltfeindlichen Stoffen hoch belastet. Hier muß sofort etwas geschehen, um Gefahren für Leib und Leben auszuschalten.

Ja, der Auftrag wird erfüllbar sein; viele »aber« weisen jedoch auf Problemfelder, mit denen klarzukommen sein wird. Vor allem muß versucht werden, die Menschen der Region für die Bundeswehr zu gewinnen. Zwar haben sie von der starken Militärpräsenz der Vergangenheit wirtschaftlich profitiert, doch sie haben auch gelitten unter dem Kommandoalltag, unter permanenter Lärmbelastung, unter der Sperrung des halben Landkreises, unter gewissen Vorrechten des Militärs, die als Privilegien verstanden wurden. NVA und Bürger haben nicht zusammengehört. Die Bundeswehr aber wird eine Armee auch der Bürger sein. Das zu erreichen, soll ein weiterer Aspekt unseres Auftrages sein.

Führungsorganisation

Oberstleutnant i. G. Meyers

Schon das Vorkommando hat Vorschläge zur Neugliederung des Divisionsstabes gemacht. Wie kompliziert das ist, sei am Beispiel der Abteilung G 4 verdeutlicht.

Dem Divisionskommandeur standen für logistische Aufgaben der Stellvertreter des Kommandeurs für Rückwärtige Dienste (StKRD) und der Stellvertreter des Kommandeurs für Technik und Bewaffnung (StKTB) zur Seite. Diesen wiederum unterstanden Spezialisten für:

- Materielle Sicherstellung,
- Materialergänzung,
- Spezialausrüstung,
- Treib- und Schmierstoffe,
- Panzer-Waffen,
- Kfz-Instandsetzung,
- Instandsetzungsplanung,
- Sanitätsdienst,
- Verpflegungsdienst,
- Ausrüstung und Bekleidung,
- Waffeninstandsetzung,
- EDV-Instandsetzung u. v. m.

Mit Aufgaben der Logistik waren darüber hinaus die jeweiligen Fachleute beim Chef Truppenluftabwehr, Chef Raketenartillerie, Unterabteilungsleiter Pioniere, Unterabteilungsleiter Fernmelde/Nachrichten, Unterabteilungsleiter Chemische Dienste, Stellvertreter des Kommandeurs für Ausbildung usw. befaßt.

So gab es eine große Zahl von »Fachsträngen«, die – streng voneinander abgeschottet und an eine Vielzahl von Geheimhaltungsregeln gebunden – eine direkte Eingriffs- und Befehlsmöglichkeit in unterstellte Verbände, unkontrolliert von den Kommandeuren, hatten. In allen anderen Führungsgrundgebieten sieht es ähnlich verwirrend aus. Da die vielen Marionettenfäden de facto nirgends zusammenliefen, sind die Kommandeure in einer Verantwortung, die sie überhaupt nicht alleine wahrnehmen können.

Diese Organisationsform war auch vielen NVA-Kommandeuren nicht ganz geheuer. Mancher hatte sich dagegen gewehrt und seine Fachdienste sehr eng angebunden. Das aber war spätestens auf der Ebene Division nicht mehr möglich. Durch die Einbindung in die nach Führungsgrundgebieten geordneten Abteilungen versuchen wir, die Fachstränge zu zerschlagen. Diese jedoch zeigen sich überraschend zäh und langlebig. Immer wieder kommen aus dem unterstellten Bereich Klagen über Befehle, die am Kommandeur vorbeilaufen. Dagegen hilft mitunter nur die Ablösung des jeweils dafür verantwortlichen Offiziers. Das Wehrbereichskommando VIII hat noch größere Schwierigkeiten, die Fachstränge aufzulösen. So kommen noch monatelang Fernschreiben mit Befehlsformulierungen wie: »Sie haben mir bis... zu melden...!« Wenn der Chef des Stabes der 9. Panzerdivision sich das heftig verbittet, sind die Leiter der Fachdienste des Wehrbereichskommandos VIII oft sehr erstaunt über soviel »Aufmüpfigkeit« des unterstellten Bereiches. Doch schließlich gelingt es, fast alle Fachstränge zu zerschlagen. Nicht gelungen ist das im Militärkraftfahrwesen. Noch im September 1991 mischt dieser Strang in der Personalplanung, Aufstellungsplanung und Materialsteuerung mit. Auch im Sanitätswesen gibt es über längere Zeiten ähnliche Probleme.

Zur Führungsorganisation gehört auch die Leitung von Informationswegen. Die NVA, die mehr als die Bundeswehr mit Fernschreiben arbeitete, besaß einen Verteiler, der jede Kompanie erreichte: Verteiler 77. Dieser Verteiler wird zur Plage! Maßnahmen zur Personalführung, Stellungnahmen von irgendwelchen Leuten zur Übernahmeaktion von ehemaligen NVA-Offizieren, Gerüchte aus vorgesetzten Dienststellen erreichen über Verteiler 77 unkontrolliert selbst die kleinste Dienststelle. Nicht selten führt dies zu nahezu panikartigen Reaktionen bei den Betroffenen. Erst die Intervention beim Befehlshaber Bundeswehrkommando Ost und beim Inspekteur des Heeres läßt den Verteiler 77 sein wohlverdientes Ende finden.

Das Land der drei Meere

Oberstleutnant Vogt

Die eigenständige Entwicklung Vorpommerns geht auf das Jahr 1532 zurück. Damals wurde das Herzogtum Pommern in die Herzogtümer Pommern-Wolgast, das spätere Vorpommern, und Pommern-Stettin geteilt. Nach weiteren Teilungen noch im 16. Jahrhundert wurden Vor- und Hinterpommern unter der Herrschaft von Bogislaw XIV., dem letzten Pommernherzog, wieder vereint. Nach seinem Tode im Jahre 1637 begann die wechselhafte Geschichte Vorpommerns erst so richtig, eigenständig wurde es bis zum heutigen Tage nicht mehr. Der Dreißigjährige Krieg brachte die ersten großen Veränderungen. Durch den Westfälischen Frieden fiel Vorpommern der schwedischen Krone zu, blieb bis 1715 schwedisch, dann wurden die Schweden während des Großen Nordischen Krieges (1700–1721) durch die Dänen und Brandenburg-Preußen hinausgedrängt. Sie konnten sich aber im nördlichen Teil Vorpommerns halten. Damit war nach 1532 Vorpommern zum zweitenmal territorial geteilt. Diese Zweiteilung endete erst 1815 im Zuge der Befreiungskriege, als Vor- und Hinterpommern durch die Preußen zur Provinz Pommern erklärt wurde.

Vorpommern hatte stets nur zwei klare Grenzen, die im Grunde bis heute unverändert geblieben sind – im Norden die

Ostsee und im Osten den Verlauf der Oder. Sowohl die West- als auch die Südgrenze wurden durch die wechselseitige Geschichte bestimmt. Natürliche Grenzen, wie im Westen der Peenelauf und im Süden der Landgraben beiderseits des Putzarer Sees und des Randow-Grabens spielten nur bedingt eine Rolle, galten aber immer als der natürliche Grenzverlauf Vorpommerns.

Geschichtliche Vergangenheit eines Landes spiegelt die Leistungsfähigkeit ihrer Gesellschaft, deren Werte und Normen wider. Sie birgt für die Vorpommern die Identität und ihre Kultur. Aus ihrer Geschichte, die den Bewohnern Vorpommerns wieder vertrauter wird, sind ihre Einflußmöglichkeiten auf die regionale Wirtschaftsentwicklung genauso abzuleiten, wie ihre Aufgaben für den Natur-, Landschafts- und Umweltschutz für eine Region, die in der vierzigjährigen Geschichte der DDR nur als »weißer Fleck« auf der Landkarte zu erkennen war.

Mit der bedingungslosen Kapitulation 1945 und der Oder-Neiße-Grenze-Festlegung wurde Hinterpommern dem polnischen Staat zugeordnet und Vorpommern mit dem westlich angrenzenden Mecklenburg zum »Land Mecklenburg-Vorpommern« vereinigt. Im Jahre 1947, noch vor Gründung der DDR, wurde der Name wieder als Landesbezeichnung getilgt. Vorpommern wurde in zwei Bezirke zerstückelt und erfuhr aufgrund seiner geographischen Randlage alle Benachteiligungen eines zentralistisch regierten Systems. Besonders der parallel zur Oder verlaufende Landesteil südlich Greifswald – Wolgast – wurde vorwiegend vom Militär beherrscht.

Bis zur politischen Wende im Jahre 1989 blieb dieser Zustand erhalten. Wenn auch Anfang 1990 in mehreren, vorwiegend nördlich gelegenen größeren Städten Aktionsgemeinschaften zur Wiederbegründung Vorpommerns ins Leben gerufen wurden, waren es unsere Soldaten aus dem Vorkommando, die schnell sicherstellten, daß der Landesname Vorpommern vor allem in Verbindung mit Eggesin bundesweit verbreitet wurde.

Unser Standort Eggesin hat den Charakter eines Dorfes und liegt an der Durchgangsstraße Torgelow–Ückermünde.

Eine lange, sehr holperige und sich im schlechten Zustand befindliche Straße führt durch den Ort; am Marktplatz befinden sich die guterhaltene Kirche, gegenüber das Rathaus, sechs Kindereinrichtungen und drei Schulen, ein Kino, die Post, ein paar kleine unscheinbare Läden, zwei große Kasernenanlagen (davon eine im Ortsteil Karpin), ein paar verstreut und abseits liegende Kneipen, der große, graue und alte Kasten, genannt HO-Hotel, zunächst bewirtschaftet mit großen Fragezeichen, heute wegen Unrentabilität geschlossen, dahinter die Kasernenanlage mit dem Divisionskommando und gegenüber die Kultureinrichtung, das Haus der Armee. Die »Skyline von Eggesin« zeigt aber auch »Wolkenkratzer«, die fünfetagigen Wohnburgen der Bauplanung DDR, Teil des Alarmsystems der NVA – der schnellen Einsatzbereitschaft. Diese schmucklosen, tristen Zweckbauten für NVA-Soldaten wurden so um die Kasernenanlage errichtet, daß bei einer Alarmierung die Soldaten innerhalb von sieben Minuten ihren Dienst antreten konnten. Dazu wurden die Etagen der Häuser jeweils mit einer Lautsprecheranlage im Treppenhaus versehen, vom Alarmierungszentrum der Division direkt auszulösen.

Eggesin wurde zur Stadt, weil die NVA es so wollte. Sie hatte hier das Sagen; und ein Divisionskommando auf dem Dorf? Unmöglich!

In und um Eggesin leben einige tausend Soldaten und ehemalige Soldaten mit ihren Familien. Sie haben hier Wurzeln geschlagen, bescheidenes Eigentum erworben und sich einen Freundeskreis aufgebaut. Sie leben zumeist isoliert von den Einheimischen, in den großen Wohnsilos der NVA oder in den teilweise schmucklos erscheinenden Einfamilienholzhäusern der angrenzenden Siedlungen.

Wie verlief der Alltag?

Knapp ein Jahr nach Maueröffnung, nach den großen Veränderungen, die auch die knapp 10000 Eggesiner erreicht hatten – obwohl es seit Friedrich dem Großen schon heißt, daß in Pommern alles 50 Jahre später kommt –, sind die ersten Veränderungen auch hier schon sichtbar. Rein optisch in einer Fülle von Salatschüsseln, sprich TV-Satellitenspiegeln, Videotheken und auch Pornoshops. Die Auslagen der Geschäfte haben sich ebenfalls verändert, angepaßt.

Die Stadt Eggesin war und ist jung, gemessen am Durchschnittsalter ihrer Bewohner. Mehr als 1000 Kinder im Vorschulalter, für insgesamt zehnmal soviel Bewohner eine beachtliche Leistung. Die Bürger sind aber auch kritisch und wollen erobert werden, eben typisch für Vorpommern. Zum Einkaufen ist alles vorhanden. Sicher, das Angebot ist reichlicher, bunter, umfassender und »Otto, ist doch klar« ist auch schon vertreten. Aber die Preise. Jeder will die schnelle Mark. Und ohne Konkurrenz, ohne Vergleiche werden Höchstpreise gefordert. »Wir haben ja die freie Marktwirtschaft.« Den Eggesinern liegt der Einkaufstourismus nicht. Sie fahren nicht unzählige Kilometer, um etwas in Anklam oder Prenzlau günstiger einzukaufen. Außerdem muß man sich an Preisvergleiche erst gewöhnen. Und Kaufkraft ist noch da. Kurzarbeit oder Null-Stunden-Regelung interessieren die Bürger nicht. Solange das Geld kommt...

Aber es regt sich auch sonst noch einiges. Der ehemalige Klub der Volkssolidarität wird umfunktioniert in den Seniorenklub, aus dem Armeesportverein entwickeln sich zivile Sportklubs, neue Vereine werden gegründet. Informationsbedarf kommt auf, Bürgerversammlungen – auch gegen die Einrichtungen der Kommune – werden aktiviert. Der Schritt nach vorn ist spürbar. Altes und Bewährtes bleibt erhalten und wird mit Neuem, mit nun möglichen Verbesserungen durchgesetzt. Und trotzdem ist die seit Ende 1990 zu beobachtende Abwanderung von zumeist jungen Familien, die hier keine Perspektive mehr sehen, heute noch erschrekkend.

Die Stadt lebt in der ihr eigenen Zurückhaltung und kritischen Distanz. Alle lebensnotwendigen Dinge können hier geregelt und erledigt werden. Aber man spürt auch die Anspannung – wie ist es, das Neue, und was hat es uns zu bieten? Kritisch auch der Blick zu den neugekleideten Bundeswehrsoldaten, der Vergleich Natooliv – die Uniform der NVA war eben schneidiger.

Der Bürger wird nach der Wende mit einer Flut von neuen Gesetzen und Regelungen überschüttet und ist damit genauso überfordert wie der immer noch im Aufbau befindliche Behördenapparat.

Außerhalb der Armee gibt es wenig Perspektiven für die Menschen, und die Angst um die Zukunft, heute nach der Wende, ist hier in Eggesin sicherlich größer als anderswo. Vor allem für die Ehefrauen der Offiziere und längerdienenden Unteroffiziere wurde bereits Anfang der siebziger Jahre ein Elektromotorenwerk (ELMO) in Eggesin errichtet, um die Arbeitskraft der Ehefrauen zu nutzen, diese örtlich zu binden, aber sicher auch, um Privilegien durch Zuverdienste für den Berufskader der Armee zu schaffen. Heute ist ELMO geschlossen. Überaltert und unwirtschaftlich war das Werk schon immer. Es hielt sich nur durch das System der Planwirtschaft. Kostendeckend konnte in keinem der vergleichbaren Betriebe in dieser Region produziert werden. Damit fehlen weitere 1300 Arbeitsplätze.

Der Einfluß der Kommandowirtschaft des Militärbezirks ist unübersehbar. Dazu kommen die erheblichen Spuren der vierzigjährigen Planwirtschaft, die vor allem sichtbar sind im Zustand der kleinen Betriebe, die hier angesiedelt sind und erhebliche Startschwierigkeiten vor allem bei der Lösung der Arbeitsplatzlage haben, in der gesamten Umwelt (darüber wird noch zu berichten sein), an dem Zustand der Straßen, der gesamten Verkehrsinfrastruktur, an der Bausubstanz und auch im Wohnungsbau.

Die Arbeitslosenzahlen übersteigen bei weitem den Landesdurchschnitt. Trotzdem zeigen die Bürger Hoffnung. Sie erkennen, es geht vorwärts, wenn auch mühevoll. Leicht fällt es denen, die über ein gewisses Grundkapital verfügen, Beziehungen haben und auch Grund und Boden ihr eigen nennen können. Ihre Kreditfähigkeit sichert ihnen einen leichteren Start, im Gegensatz zu vielen, die den Versuch unternehmen, über Kredite die Selbständigkeit zu erreichen. Die Aufträge der Bundeswehr, vor allem für den Bereich der Altbausanierung, übersteigen die 50-Millionen-Grenze und bringen damit auch Geld in die Taschen der Bürger. Doch für viele gilt noch immer der Weg zum Arbeitsamt. Und der ist auch heute noch mühsam und zeitraubend. Wie in der gesamten öffentlichen Verwaltung. Wenn auch einige Fachkräfte aus den Altbundesländern bereits unterstützen, es reicht bei weitem nicht aus.

Die alteingesessenen Eggesiner hatten ein gestörtes Verhältnis zur Armee. Und das war wohl berechtigt. Der größte Teil der Region, vorwiegend Wälder und Gewässer, war für die Bürger gesperrt. Militärisches Sperrgebiet. Dazu gehörte auch das Jagdrevier des ehemaligen Ministers Hoffmann. Soziale Einrichtungen, wie z. B. das in Karpin erbaute Schwimmbad oder in den Kasernen eingerichtete Filmsäle, durften nur von Soldaten und ihren Familien genutzt werden. Bei dem seltenen Wochenendausgang der Soldaten war die Straße von Karpin bis Eggesin nicht nur mit Bierflaschenscherben bepflastert. Besonders der mühevoll von Eggesiner Bürgern angelegte Waldpark wurde dabei zur Mülldeponie umfunktioniert. In den wenigen Gaststätten erfolgte durch die jungen Soldaten mangels Kontakt »Druckbetankung«.

Dennoch beruhigt die Entscheidung des Bundesministers der Verteidigung, in diesem Bereich auch zukünftig eine große Bundeswehreinheit zu stationieren. Das Interesse an der neuen Bundeswehr ist von Anfang an groß. Bemühungen, auf die Bevölkerung zuzugehen, finden gute Resonanz. Schon an der Kommandoübergabe am 4. Oktober 1990 nehmen fast alle Bürgermeister unserer Garnisonsstädte teil. In kurzer Zeit werden wir gefragte Ratgeber, und viele von uns versuchen, Hilfestellung zu leisten, wo es der Dienst zuläßt. Wir werden gefragt zur Preisentwicklung, zum Schulsystem, zur

Jugendarbeit, zu Vereinsgründungen. Wir gestatten den Zugang zu zahlreichen militärischen Sperrgebieten. Wir laden Bürger ein, wenn unsere Maßnahmen zur Information über Berufsqualifizierung oder Vorträge von Firmen stattfinden. Wir schenken den Bürgermeistern bisher geheimgehaltene Karten von ihren Gemeinden und Liegenschaften. Wir bemühen uns, auf dem Gebiet des Umwelt-, Brand- und Katastrophenschutzes konkrete Hilfestellung zu leisten. Diese Bemühungen werden anerkannt. Die Bundeswehr entwickelt sich zu einem Nachbarn, dem man vertraut und auf den man rechnet. Eine gehörige Portion Neugier kommt dazu. Mehrere tausend Einwohner von Ückermünde sind Gäste bei einem Feierlichen Gelöbnis im Stadion. Bürger mit Problemen suchen den direkten Weg zu den Kommandeuren am Standort. Einer Einladung zu Gesprächsrunden mit Soldaten leisten nahezu 400 Schüler Folge. Mancher verspricht sich auch Hilfe, der sich durch die NVA ungerecht behandelt fühlte. Handwerker suchen den Weg und wollen Aufträge. Ein Bauprogramm im Jahre 1991 von immerhin 50 Millionen DM kommt nahezu ausschließlich dem heimischen Gewerbe zugute.

Aber es gibt auch die andere Seite. Böse Erfahrungen mit der NVA werden auf die Bundeswehr übertragen. Gerüchte werden verbreitet, daß das Jagdgebiet des ehemaligen Verteidigungsministers Hoffmann, das für die Bevölkerung gesperrt war, nunmehr für die Offiziere der neuen Bundeswehr reserviert sei. Nichts davon ist wahr, und ich hoffe, man glaubt unserer Presseerklärung, daß dies Gebiet an die Bundesforstverwaltung übergeben wird.

Personalfragen

Brigadegeneral von Kirchbach

Ziviles Personal Alle Kommandeure müssen sich mit einem Aufgabengebiet befassen, das ihnen in dieser Größenordnung bisher fremd war: Sie sind Arbeitgeber von Zivilbediensteten.

Die 9. Panzerdivision hatte über 600 zivile Mitarbeiter, die mit großen Erwartungen und noch größeren Ängsten auf ihre Kommandeure schauten. Sie wußten, daß nicht alle bleiben konnten. In der NVA hatten sie alle einen Arbeitsplatz, doch nicht alle hatten tatsächlich auch Arbeit. Sie waren in Aufgabengebieten tätig gewesen, die es in der Bundeswehr nicht gibt oder von Soldaten wahrgenommen werden. Sie hofften auf Weiterbeschäftigung, zumindest aber auf Sozialpläne. Doch was sollten Sozialpläne beinhalten in einer Region, die einen wirtschaftlichen Zusammenbruch zu erwarten hatte? Allein der Divisionsstab, die Stabskompanie und das Fernmeldebataillon hatten zusammen über 140 Zivilbedienstete. Einige werden bleiben können: Köche, Heizer, Kasernenwärter braucht die Bundeswehr auch. Die Standortverwaltung wird sie übernehmen. Auch das Personal in den Fernmeldezentralen wußte, daß es gebraucht wird. Doch was haben Reinigungskräfte zu erwarten? Was wird aus den vielen Schreibkräften werden? Sie haben in der STAN gesehen, daß Stab/Stabskompanie Heimatschutzbrigade 41 nur vier Stellen hat, sie aber waren zwanzig! Was haben Bibliothekare, Sportbeauftragte, Brandschutzfachleute oder die im Vorschlagswesen tätigen »Neuerer« für eine Perspektive?

Die Zukunftsangst läßt manche Mitarbeiterin weinen, mancher schimpfte laut. Die Kommandeure und die Standortverwaltung bemühen sich in oft hitzigen Wortgefechten um »ihre Leute«. Dank der Vorruhestandsregelung konnten viele mit Versorgung verabschiedet werden. Bei Stellenbesetzung wurde der soziale Aspekt wichtiger genommen als die Qualifikation. Wir bemühen uns um die Genehmigung von Wechselstellen, da auf Jahre hinaus nicht genügend qualifizierte Unteroffiziere verfügbar sein werden. Wir knüpfen Kontakte zur Wirtschaft und können so manchen Mitarbeiter unterbringen. Wir machen Vertragsfirmen die Übernahme von Mitarbeitern zur Auflage. Über Kontakte zu zivilen Bildungsträgern können einige in einen neuen Beruf geführt werden.

Heute, nach einem Jahr, ist die Bilanz für die ehemalige 9. Panzerdivision recht positiv; es hat kaum Kündigungen gegen den Willen der Betroffenen gegeben, und es wird nur noch wenige geben. Hier konnte in hohem Maße Vertrauen gewonnen werden. Doch nicht überall werden neue militärische Dienststellen aufgestellt. Wo dies nicht der Fall ist, sieht es schlimm aus. Die größten sozialen Härten im Bereich der Standortverwaltung Eggesin jedoch wurden in gemeinsamer Anstrengung aufgefangen. *Oberstleutnant i. G. Meyers*

Die Wehrpflichtigen Die Wehrpflichtigen gaben sich zunächst zurückhaltend. Dennoch, sie hatten hohe Erwartungen an die Bundeswehr und unterschieden am Anfang sehr genau zwischen Vorgesetzten Ost und Vorgesetzten West. In einer Führungseinrichtung, die von Soldaten der 9. Panzerdivision bewacht wurde, kam es wegen Problemen in Unterbringung, Verpflegung und Freizeit zu Protesten, deren die Vorgesetzten vor Ort nicht Herr wurden. Die Soldaten verlangten, einen Vorgesetzten »West« zu sprechen, nur ihm trauten sie das notwendige Verständnis und die Durchsetzungskraft zu, Dinge zu ändern.

Traf man die Soldaten im kleinen Kreis, öffneten sie sich leichter. Soldaten der Stabskompanie und des Fernmeldebataillons, die elf Monate in der NVA und einen Monat in der Bundeswehr gedient hatten, erzählten von ihren Erlebnissen. Zum ersten Mal hörte ich ausführlich von Leuten, die es miterlebt hatten, vom EK-System (EK = Entlassungskandidat), einem System der Drangsalierung der jüngeren durch die älteren Wehrpflichtigen, den Vorgesetzten bekannt und von den meisten stillschweigend geduldet. Ich hörte von Schikanierung der Neueinberufenen durch Reinigungsarbeiten mit Rasierklingen, durch Spiele unter ABC-Schutz im Flur, durch Waffenreinigung bis in die frühen Morgenstunden, durch Dienstleistungen der jüngeren für die älteren Soldaten.

Die Soldaten berichteten übereinstimmend, daß sie im Oktober 1989 in ein noch stabiles und funktionierendes System einberufen wurden. Die Ereignisse zur Maueröffnung wurden intensiv verfolgt. Die Bereitschaftsregelungen waren zunächst unverändert. Nach der Maueröffnung änderte sich das Bild. Den Vorgesetzten in der NVA war es kaum noch möglich, Disziplin durchzusetzen. Eine Fülle von Erleichterungen (Wegfall des Frühsports, großzügige Freizeitregelung, Ausgleich für Sonderdienste) wurde befohlen. Die Vorgesetzten erfuhren davon allerdings zumeist über Presse und Radio. Gleichzeitig wurden sich die wehrpflichtigen Soldaten ihrer neuen Rechte bewußt und reizten ihre Freiheiten aus. Soldaten des Fernmeldebataillons 9 weigerten sich, an einer befohlenen Härteübung teilzunehmen. Ähnliches passierte im Mot-Schützenregiment 9 vor einer Gefechtsübung. Soldaten der Stabskompanie wendeten sich an den Minister für Abrüstung und Verteidigung, um eine großzügigere Freistellung vom Dienst zu erreichen.

In den Kasernen herrschte strenges Alkoholverbot. Aber es gab hunderte Wege, Alkohol in die Kasernen zu schmuggeln. Nach der Wende traf man sich vorwiegend auf den Parkplätzen vor dem Tor, um Alkohol zu trinken, bis das Verbot kurze Zeit später aufgehoben wurde; wir nannten diesen Zustand »Trabbi-Parties«.

Nur wenige Vorgesetzte waren dieser Situation gewachsen. Dies führte im Laufe eines Jahres zu einem rapiden Verfall der Disziplin. Ein Soldat berichtete mir, er haben 30- bis 40mal Wache gestanden, aber nicht einen einzigen der befohlenen Streifengänge durchgeführt.

So war das Erleben der Bundeswehr nach dem 3. Oktober 1990 durch die Wehrpflichtigen nicht uneingeschränkt positiv. Zwar wird allgemein anerkannt, daß sich der Ton geändert hat und die neuen Vorgesetzten bemüht sind, die Lebensbedingungen (Unterkünfte, sanitäre Anlagen, Küchen, Speiseräume) zu verbessern. Dem stehen aus Sicht der Betroffenen eine dienstliche Mehrbelastung und Forderung nach Disziplin, konsequentere Durchführung des Dienstes negativ gegenüber. Die Wachbelastung hat sich durch Abschaltung der Hochspannungsanlagen, mit denen die Munitionslager gesichert wurden, enorm erhöht. Gleichzeitig ist das Anspruchsdenken gestiegen, man möchte westliche Verhältnisse, und zwar sofort. Ein Kommandeur wurde gefragt, ob es richtig sei, daß im Westen in jeder Mannschaftsstube Mikrowellenherde aufgestellt seien und wann dies für den Osten auch käme. Es fiel nicht leicht, mit Ruhe, Sachlichkeit und konkreten Maßnahmen mit den jungen Leuten zu einem brauchbaren Verhältnis zu finden.

Persönliche Probleme belasteten die Situation zusätzlich. Viele junge Soldaten sind verheiratet (dies war die einzige Chance für eine Wohnungszuweisung), aber das System der Unterhaltssicherung funktionierte noch nicht. Wir mußten den Behörden klarmachen, wie das System funktioniert, und die Soldaten ermuntern, ihre Ansprüche zu stellen. In mehreren Fällen stellten wir fest, daß das Arbeitsplatzschutzgesetz mißachtet wurde. Das Zutrauen wuchs, als es in Einzelfällen gelang, daß ausgesprochene Kündigungen zurückgenommen wurden. Über die Monate festigte sich das innere Gefüge der Einheiten.

Ich machte es mir zur Gewohnheit, immer wieder mit Wehrpflichtigen zu reden, und stellte einen langsamen Stimmungsumschwung fest. Die Offenheit wächst, die Leistungsbereitschaft nimmt zu, die Soldaten lernen, berechtigte Kritik in der entsprechenden Form offen zu äußern, aber sie sehen und akzeptieren auch erreichte Verbesserungen. Einige (wenn auch nicht genug) entfalten Aktivitäten für die Berufsfindung.

Sie machen von Weiterbildungs- und Umschulungsangeboten Gebrauch. Sie bekommen Kontakt mit gleichaltrigen Kameraden aus dem Westen, lernen westliche Kasernenanlagen kennen. Nicht wenigen werden Berlin- und Bonn-Fahrten ermöglicht. In einer Chef-Tagung – ein Programmpunkt war ein Gespräch Kommandeure mit wehrpflichtigen Soldaten über weitere notwendige Verbesserungen – antwortete ein Rekrut auf die Frage eines aus der NVA kommenden Kompaniechefs, ob er zwischen Vorgesetzten West und Ost unterscheide: »Ich unterscheide nur, ob mein Vorgesetzter ein anständiger Kerl ist oder nicht.« Dies wäre im Oktober 1990 nicht denkbar gewesen.

Die Lage normalisiert sich bis heute. Soldaten, die ihre Grundausbildung im Westen mitmachten, loben den kameradschaftlichen Zusammenhalt. Möglichst viele Kontakte zwischen den jungen Menschen, gemeinsame Ausbildung und eine gute Mischung der Vorgesetzten scheinen jedenfalls gute Methoden zu sein, zum Zuwammenwachsen in dieser untersten Ebene beizutragen.

Die Unteroffiziere Ein Unteroffizierskorps im Sinne der Bundeswehr gab es in der NVA nicht. Viele Funktionen, die in der Bundeswehr von Unteroffizieren wahrgenommen werden, waren in der NVA Sache der Offiziere. Insgesamt gab es drei Gruppen:

- die Unteroffiziere auf Zeit mit einer Verpflichtungszeit von drei Jahren, die im Jahre 1989 auf zwei Jahre herabgesetzt wurde;
- die Berufsunteroffiziere mit einer Verpflichtungszeit von mindestens 10 Jahren in den Dienstgraden Unteroffizier bis Stabsfeldwebel;
- die Fähnriche mit einer Verpflichtungszeit von mindestens 15 Jahren mit den Dienstgraden Fähnrich bis Stabsoberfähnrich.

Die Unteroffiziere auf Zeit waren in der Regel nicht in Vorgesetztenfunktionen eingesetzt. Die aus der Bundeswehr kommenden Vorgesetzten mußten erst einmal lernen, daß es nicht ohne weiteres möglich war, einen Unteroffizier beispielsweise als Gruppenführer in der Allgemeinen Grundausbildung oder als Wachhabenden einzusetzen. Die meisten von ihnen fühlten sich auch eher als Mannschaftsdienstgrade. Sie hatten sich verpflichtet, weil sie, wie es früher gewesen war, Vorteile bei der Berufswahl oder beim Studium erwarteten.

Die Gespräche mit ihnen verliefen am Anfang bedrückend. Ich habe kaum einen getroffen, der eine andere Motivation als berufliche Möglichkeiten oder Verdienst dafür hatte, Soldat zu werden. Ich habe auch anfänglich kaum einen getroffen, der bereit war, sich vernünftig ausbilden zu lassen und in der Bundeswehr zu bleiben. Bei vielen waren die Erinnerungen zu schlecht. Auch sie litten, zumindest in den ersten Monaten, unter der EK-Bewegung. Sie berichteten auch, daß höhere Offiziere kaum erreichbar waren. Einige hatten schlechte Erfahrungen damit gemacht, sich bei ihrem Kompaniechef zu beklagen. Alle akzeptierten, daß sich der Umgang zwischen Vorgesetzten und Untergebenen seit dem 3. Oktober 1990 grundlegend geändert hatte. »Selbst direkt dem Kommandeur können wir unsere Anliegen vortragen«, sagte mir staunend ein junger Unteroffizier.

Unbeliebt waren die sogenannten »Komplektekinder« als Vorgesetzte. Unter »Komplekten« verstand die NVA Gebinde, z. B. Einsatzverpflegung. »Komplektekinder« wurden Söhne von Offizieren genannt, von denen man den Eindruck hatte, daß sie von ihren hochrangigen Vätern protegiert wurden. »Wenn es Probleme in dienstlichen Bereichen gab, weinte man sich beim Vater aus. Saß dieser in einer vorgesetzten Dienststelle, konnte dies Konsequenzen haben«, wurde mir berichtet.

Die Unteroffiziere erzählten mir, daß die Anredeform bis zum Stabsfeldwebel fast ausschließlich das »Du« war. Es störte sie, daß man sich jetzt in aller Regel mit »Sie« anredete. Das Vorgesetztenverhältnis innerhalb der Laufbahngruppe Unteroffiziere empfanden und empfinden sie als störend. Sie spüren scheinbar keine Angst vor der Rückkehr ins Zivilleben. Viele von ihnen sind bereit, sich neu zu orientieren. Einige haben Stellenangebote aus dem Westen. Andere freuen sich, daß sie ohne Probleme das Fach ihrer Wahl studieren können. Auch hier ändert sich das Bild nach wenigen Monaten. Nicht wenige Unteroffiziere erkannten, daß die Bundeswehr ein gutes Ausbildungsangebot zu machen hat. Aufenthalte im Westen und gemeinsame Arbeit in der Ausbildung oder im Funktionsdienst mit Unteroffzieren aus dem Westen verstärkten die Neigung, das Angebot der Bundeswehr zumindest zu prüfen. Einige fanden Spaß an der Aufgabe als Vorgesetzter. Am Ende entschloß sich doch noch eine verhältnismäßig große Anzahl, in den Streitkräften zu bleiben und die Berufschancen in der Bundeswehr zu nutzen.

Nicht alle machten gute Erfahrungen mit den Vorgesetzten aus dem Westen. Einige fühlten sich als Soldaten zweiter Klasse behandelt. Sie lassen sich gerne sagen, daß sie noch lernen müssen, aber sie sind zurecht empfindlich, wenn ihnen jemand vorwirft, sie könnten nichts. Hauptproblem der Berufsunteroffiziere ist es, ihre neuen erweiterten Aufgabenbereiche und Kompetenzen zu erkennen und zu beherrschen. Zwar hatten sie auch in der NVA eigene Aufgabenbereiche, arbeiteten aber doch in aller Regel wenig selbständig und ohne große Kompetenz, Dinge selbständig zu regeln. In verschiedenen Dienststellungen waren Beförderungen bis zum Stabsfeldwebel möglich, ohne daß sich damit der Aufgaben- und Verantwortungsbereich erweiterte. Von diesen Soldaten wird nun selbständiges Handeln erwartet, und dies führte anfänglich zu vielen Friktionen. Es war ein übliches Bild, daß ein Wachhabender im Dienstgrad eines Portepeeunteroffiziers sich weder für die Disziplin der Wachsoldaten verantwortlich fühlte noch erkannte, daß es seine Aufgabe ist, Unzuträglichkeiten im Bereich der Dienstausübung zu klären oder wenigstens zu melden oder Fürsorge (ausreichender Schlaf, ausreichende Verpflegung) entweder selbst oder zu veranlassen oder beim Vorgesetzten vorstellig zu werden. Es war ein verbreitetes Bild, daß ein Sachbearbeiter im Stab auf Anweisungen wartete und nicht erkannte, daß ihn sein Dienstposten dazu verpflichtete, selbst Initiative zu ergreifen. Es gab auch positive Beispiele einzelner Dienstgrade, die sich über die neue Verantwortung freuten und nach kurzer Zeit mit großem Engagement in der Lage waren, ihre Aufgaben zu erfüllen.

Die Unsicherheit dieses Personenkreises beim Warten auf die Personalentscheidungen war weniger groß als bei den Offizieren. Schnell sprach sich herum, daß nahezu alle die Chance haben, zumindest auf zwei Jahre in die Bundeswehr übernommen zu werden. Dies beruhigte.

Zwischen den Unteroffizieren West und Ost entwickelten sich verhältnismäßig schnell kameradschaftliche Bindungen. Man fand sich auf der Basis der gemeinsamen Aufabe. Dennoch ist die Wegstrecke, vor allem im Bereich der Menschenführung, noch lang. Es wird noch einige Zeit dauern, bis deutlich wird, daß es nicht um eine organisierte »Maßnahme« Gespräch mit Untergebenen geht oder um eine organisierte »Maßnahme« Kameradschaft oder um eine organisierte »Maßnahme« Fürsorge, sondern um ein grundsätzlich neues Verhältnis auf der Basis menschlicher Gleichwertigkeit. (Als »Maßnahme« bezeichnete die NVA jedes Vorhaben.)

Die Fähnriche der NVA waren fachspezifisch eingesetzt und in ihrem Fach bemerkenswert gut ausgebildet. Sie traten mir von Anfang an in dem (berechtigten) Selbstbewußtsein entgegen, der Lösung einer schwierigen Aufgabe gewachsen und selbständiges Handeln gewohnt zu sein. Ihnen bereitete die Umstellung die geringsten Schwierigkeiten. Sie wurden als Portepeeunteroffiziere im Dienstgrad Oberfeldwebel oder Hauptfeldwebel übernommen und trauten sich in aller Regel zu, das Notwendige zu lernen, um auch einen neuen Aufgabenbereich sachgerecht erfüllen zu können. Fast alle stellten einen Übernahmeantrag. Aufgrund ihres Fachwissens und ihrer Ausbildung wurden die Fähnriche von den Offizieren respektiert. Dabei half ihnen auch, daß sie in der Fachverwendung sich für politische Arbeit nicht verantwortlich fühlen mußten. Demzufolge ist die Vergangenheitsbewältigung, wenigstens scheinbar, einfacher.

Die Offiziere Trotz vieler vor dem 3. Oktober 1990 durchgeführten Entlassungen fanden wir einen Überhang an Offizieren vor. In einem Divisionsstab der NVA, der etwa 10000 Mann führte, gab es mehr Offiziere als in einem Korpsstab der Bundeswehr, der etwa 70000 Mann führt.

Ein besonders wichtiger Fachstrang mit ausgeprägtem Eigenleben war der der Politoffiziere. Sie hatten eine Fülle eigener Kompetenzen, die Unterstellung unter die Kommandeure war eher theoretisch. Zu den Ungereimtheiten der Wende gehörte die Behandlung dieses Personenkreises. Auf Befehl des Ministers für Abrüstung und Verteidigung der DDR wurde dieser Fachstrang im Frühjahr 1990 aufgelöst. Neugegründet wurde der Bereich Staatsbürgerliche Bildung. Ein Teil der alten Politoffiziere war dann in diesem Bereich tätig, aber auch Truppenoffiziere wurden in den Bereich Staatsbürgerliche Bildung versetzt. Andere langjährige Politoffiziere bekamen eine Verwendung in der Truppe. Kurz vor der Vereinigung waren der Bereich Staatsbürgerliche Bildung aufzulösen, die Dienstposteninhaber zu entlassen. Dies führte dazu, daß einige Offiziere, die erst ganz kurze Zeit, oft auch guten Willens, im Bereich Staatsbürgerliche Bildung tätig waren, entlassen wurden, während langjährige ausschließliche Politoffiziere, die rechtzeitig in Truppenverwendungen untergebracht waren, vorläufig auf ihren Dienstposten verbleiben konnten. Diese hatten normalerweise keine Chance auf die zweijährige Verwendung in der Bundeswehr. Diese Ungereimtheiten, für die wir nichts konnten, kosteten uns anfangs dennoch Glaubwürdigkeit.

Alle Offiziere in Führungsverwendungen waren zur Zusammenarbeit mit dem Staatssicherheitsdienst verpflichtet. Entsprechende Fragen in Fragebögen führten zu Verunsicherungen.

Wir erfuhren über die personelle Organisation der sogenannten »Verwaltung 2000«, die mit eigenen Dienststellen bis in die Regimentsebene in den Streitkräften vertreten war. Sie verfügten über ein weitgespanntes Informationsnetz bis in die Kompanien hinein. Sie kümmerten sich um Sicherheitsverstöße, dienstliche Nachlässigkeiten, aber auch um Verwandtenbesuche und Westkontakte. Die Angehörigen dieser Dienststellen waren zu entlassen. Dies geschah auch. In einer Lücke in den Verfahrensanweisungen war nicht verboten, sie mit niedrigerem Dienstgrad wieder einzustellen. So gab es im Bereich der 9. Panzerdivision, an unauffälligen Stellen versteckt, ehemalige Offiziere des Ministeriums für Staatssicherheit als Unteroffiziere. Einer wurde gemeldet. Wir fanden diese Leute und entließen sie nach den Bestimmungen des Einigungsvertrages. Bei der Bearbeitung der Übernahmeanträge kam ich direkt mit Informanten des Ministeriums für Staatssicherheit in Berührung. In einigen Fällen wurde die Verstrickung, die Täter und Opfer nur schwer unterscheiden läßt, deutlich sichtbar.

Die Verantwortung der Kommandeure war vielfach eingeschränkt. Viele für Fachdienste verantwortliche Stabsoffiziere befahlen und regelten unmittelbar in den nachgeordneten Bereich hinein. Einem Kompaniechef war der Dienst bis ins einzelne durch das Bataillon befohlen, auch der Bataillonskommandeur hatte nur wenige Freiheiten, weniger jedenfalls als ein Kompaniechef der Bundeswehr. Viele Aufgaben, die in der Bundeswehr Unteroffiziersaufgaben sind, wurden in der NVA Offizieren übertragen. Offiziersaufgabe war es z. B., eine Küche zu leiten oder eine Bekleidungskammer zu organisieren. Eigene Initiativen waren selten. Sie waren meist auch gar nicht erwünscht. So gab und gibt es in der Anfangszeit eine Fülle von Problemen.

Das alles überlagernde Gesprächs- und Diskussionsthema des ersten halben Jahres war die Frage nach der persönlichen Zukunft. Jeder mußte die Frage beantworten, ob er im Rahmen der Ruhestandsregelung der NVA bis zum 31.12.1990 ausscheiden wollte oder den Versuch wagen sollte, in der Bundeswehr zu bleiben. Dem Versprechen der fairen Chance wurde zunächst nicht geglaubt. Man erwartete eine scheibchenweise Auflösung und nach Aufschub des Materials und der Munition eine Entlassung nach dem Motto »Der Mohr hat seine Schuldigkeit getan, der Mohr kann gehen«. Ein Höchstmaß von Lethargie war allerorten festzustellen. Nur wenige ergriffen selbstbewußt die Initiative, entweder durch Vorschriftenstudium und Suche nach Dialog oder durch konsequente Umschau im zivilen Bereich. Zögernd liefen die ersten Anträge auf eine Übernahme als Soldat auf Zeit ein. Eine Vielzahl von älteren Offizieren wählte den Abschied. Dies fiel vielen auch dadurch leichter, als es in Zusammenarbeit mit dem Arbeitsamt gelang, die meisten von ihnen in Qualifizierungsmaßnahmen zu vermitteln. Ungeschicklichkeiten in der Personalführung und immer neue Gerüchte, woher auch immer, verstärkten die Unsicherheit.

Ein Stellenplan der Heimatschutzbrigade kursierte, und viele versuchten vergeblich, ihren eigenen Platz in diesem Stellenplan auszumachen. Wir versuchten, dieser Stimmung mit einer Vielzahl von Gesprächen im kleinen und großen Kreis, mit Hilfe bei der Antragsbearbeitung entgegenzuwirken und Gerüchte zu zerstreuen. Erst gegen Jahresende änderte sich das Bild. Die ersten positiven Entscheidungen über Übernahmeanträge beruhigten. Noch mehr beruhigte, daß sichtbar und von vornherein auch einige ältere Offiziere für zwei Jahre übernommen wurden. Am Ende war das Versprechen von der fairen Chance eingelöst. Fast 75 Prozent der Antragsteller wurden übernommen. Die anderen konnten als Weiterverwender bis Ende 1991 im Dienst bleiben. Sie hatten also die Chance, fast ein Jahr nach Möglichkeiten der Qualifizierung oder direkt nach einer Stelle zu suchen. Der Stimmungswechsel wurde im Laufe des Jahres 1991 fühlbar und wirkt sich auch in der Dienstausübung weithin sichtbar positiv aus.

Man versichert mir, daß ich aus meinen Erlebnissen der ersten Monate keine Rückschlüsse auf die Qualität der ehemaligen NVA ziehen dürfe. Ich spüre verhaltenen Stolz auf vergangene Leistungen, erfolgreiche Übungen, den hohen Grad der Einsatzbereitschaft. Ich verspüre häufig so etwas wie Scham über das desolate Bild einer zerbrochenen Armee im Oktober 1990. In einigen kleinen Vorführungen zeigt man mir, daß Leistungswille und professionelles Können, wenn auch verschüttet, doch noch vorhanden sind. Ich halte es für erfolgversprechend, dies wieder zu wecken, und fühle mich durch die Verbesserung der Dienstausübung in den letzten Wochen bestätigt. Viele Offiziere erlebten in wenigen Monaten eine ein- oder zweimalige Herabstufung im Dienstgrad. Dies fiel vielen nicht leicht. Ein Bataillonskommandeur im Dienstgrad Major wurde als Fachdienstoffizier im Dienstgrad eines Oberleutnant übernommen. Ein Oberstleutnant und Regimentskommandeur mußte entscheiden, ob er als Hauptmann weiterdienen wollte. Im allgemeinen überwog allerdings die Erleichterung, überhaupt eine Chance zu haben, in der Bundeswehr zu bleiben. Wir bemühten uns, die Gründe für die Herabstufung als notwendige Angleichung an die durchschnittlichen Beförderungszeiten im Westen deutlich zu machen. Auch wenn dies mit dem Verstand nachvollziehbar war, blieb zunächst eine gewisse Enttäuschung. Sie wurde dadurch etwas gemildert, daß viele merkten, daß ihre Verantwortung dennoch umfassender wurde. Dies gilt vor allem bei den Soldaten, die als Zugführer oder Kompaniechefs direkt in der Führung von Soldaten eingesetzt sind.

Vielen bereitete es Probleme, ihre umfassende Verantwortung für unterstellte Soldaten zu erkennen und wahrzunehmen. Unsicherheiten in der Kenntnis des Wehrrechts, die auch durch Ausbildung nicht so schnell zu schließen sind, kommen dazu. So schaute man bei Disziplinlosigkeiten lieber weg als konsequent einzugreifen. Anläßlich eines Seminars über Menschenführung im November 1990 diskutierte ich mit Offizieren des Panzeraufklärungsbataillons über zeitgemäße Menschenführung. Dabei versuchte man mir deutlich zu machen, daß die Grundsätze der Inneren Führung sinngemäß in der NVA auch gegolten haben. Ich versuchte anhand einer Betrachtung über Zusammenhänge zwischen Fürsorge, miserablen Unterkünften, Duldung des EK-Systems und anhand des Bildes vom Staatsbürger in Uniform, die Dimension der notwendigen Verhaltensänderung deutlich zu machen. Einige Offiziere fühlten sich in ihrer Ehre verletzt.

Die ersten deutlichen Fortschritte wurden bei einer Kompaniecheftagung sichtbar. Zwei Tage diskutierten wir über zeitgemäße Menschenführung anhand einer Fülle praktischer Beispiele aus dem normalen Alltagsdienst einer Kompanie. Eine Gruppe von Rekruten berichtete über ihre sehr unterschiedlichen Erlebnisse aus den ersten Tagen. Die jungen Soldaten nahmen kein Blatt vor den Mund, und es entbrannte eine äußerst lebhafte, von gleich zu gleich geführte Diskussion mit den Kompaniechefs. Der Tag und die Nacht waren zu kurz, um auf alle Fragen, die dabei aufkamen, einzugehen. Aber ich ging nach Hause mit dem Gefühl, daß einiges verstanden wurde, und im Eindruck einer intensiv erlebten Kameradschaft.

Rückschläge blieben nicht aus. Immer wieder gibt es Vorkommnisse, die auf ein Wiederaufleben des EK-Systems schließen lassen. Aber es wird auch energisch eingeschritten. In einer Ausbildungskompanie waren am Tage der Einberufung nach 19.00 Uhr keine Vorgesetzten mehr anzutreffen. Die jungen Rekruten waren am ersten Abend sich selbst überlassen, aber in einer anderen Kompanie traf man auf Runden im intensiven Gespräch, und die Vorgesetzten bemühten sich mit Erfolg, Unsicherheit und Befangenheit entgegenzuwirken. Erste kameradschaftliche Bindungen entstehen. Offiziere, die zur Ausbildung im Westen waren oder von West-Offizieren in einer Funktion angeleitet werden, besuchen sich gegenseitig mit ihren Familien. Nach kurzer Zeit entschloß ich mich, keine Besprechungen mehr durchzuführen, an denen ausschließlich West-Offiziere teilnahmen. Immer wieder bin ich in meinem Bungalow mit ganz unterschiedlichen Gesprächsrunden, zu denen aber immer aus dem Osten stammende und aus dem Westen kommende Offiziere gehören, zusammen. Das Klima wird offener. Mit dienstlichen Erfolgen steigt das Selbstbewußtsein. Es wird wieder gelacht. Kameradschaftsabende nehmen einen guten Verlauf. Erste Veranstaltungen werden durchgeführt, in die auch die Familien einbezogen werden. Wir treffen uns mehr und mehr, nicht nur unter dem Druck der gemeinsamen Aufgabenerfüllung unter schwierigen Verhältnissen, sondern auch in der persönlichen Begegnung. Das Vertrauen wächst.

In der Golfkrise waren wir zu recht harten Anfragen ausgesetzt. Im Fernsehen ausgestrahlte Interviews mit Bundeswehrsoldaten, die unter dem Eindruck der Krise und der erforderlichen Demonstration der Solidarität der Allianz in der Türkei ihren Dienst verweigerten oder sich über die Härten weinerlich äußerten, hinterließen einen tiefen Eindruck. Man kann ihn in dem Satz zusammenfassen: »Auch im Westen ist nicht alles Gold, was glänzt«. Es war schwer, deutlich zu machen, daß einerseits eine Armee nicht jedem Anspruch zur Verfügung stehen darf und andererseits in loyalem Gehorsam bereit sein muß, auf Verlangen der demokratisch zustande gekommenen Regierung und im Einklang mit den Prinzipien der Verfassung ihren Auftrag bis hin zum bewaffneten Einsatz durchzuführen. Auch mich störte, was im Zusammenhang mit dem Golfkrieg in einigen Verbänden der Bundeswehr passierte, und ich gab es offen zu.

Am Anfang verdeckten die persönliche Unsicherheit, aber auch der Zwang, in kurzer Zeit unendlich viel tun zu müssen, die Diskussion über die Vergangenheit. In dieser Zeit hörte man viele stark verkürzte Rechtfertigungen mit dem Tenor, auch wir haben zum Frieden beigetragen. So wurde versucht, in Rechtfertigung vor sich selbst, die beiden Armeen gleichzustellen. Dann wurden die Diskussionen immer intensiver. Es wurde klar, daß auch in der NVA der Prozeß der Umstellung nicht am 3. Oktober 1990, sondern spätestens mit der Maueröffnung begonnen hatte. Man fühlte sich von der alten Führung betrogen. Dies Gefühl verstärkte sich, als man im Westen selbst sehen konnte, wie unendlich weit von irgendwelchen Angriffsvorbereitungen die Bundeswehr tatsächlich entfernt war. Manch einem Offizier fiel es schwer zu glauben, daß in der Bundeswehr an den Weihnachtstagen mehr als 90 Prozent der Soldaten die Feiertage bei ihren Familien verbrachten, während man hier mit 85 Prozent des Personals und in der Bereitschaft, binnen weniger Minuten die Kasernen verlassen zu können, auf den Angriff der NATO wartete.

Man erlebt den demokratischen Prozeß im Bundestag in Bonn oder im Landtag in Kiel und stellt sich langsam auf demokratische Spielregeln ein. Dennoch wählten bei der Bundestagswahl am 2. Dezember 1990 in den Siedlungen, in denen aktive und ehemalige Soldaten wohnen, nahezu 50 Prozent PDS. Blickte man genauer, stellte man allerdings fest, daß auch die Wahlbeteiligung bei nur etwa 50 Prozent lag. Für mich war dies ein Beweis, daß eine Umbesinnung begonnen hatte, die sich zunächst in Wahlenthaltung niederschlug. Diese Umbesinnung wurde auch in Gesprächen sichtbar. Heute weicht man der Diskussion um die Vergangenheit nicht länger aus. Viele Gespräche bei mir zu Hause drehen sich um Vergangenheit. Viele Fragen werden gestellt, Erklärungen für das eigene Verhalten gegeben. Ich glaube den Soldaten, daß die meisten, abgeschnitten von vielen Informationen und in einem System lebend, in dem eine Partei versuchte, auf das Leben von der Wiege bis zur Bahre regelnd einzuwirken, ehrlichen Herzens glaubten, einer guten Sache zu dienen. Fast allen ist klar, daß der Sozialismus als Ideologie abgewirtschaftet hat. Das eigene Weltbild, mit dem man lebte, das System, in dem man arbeitete und Karriere machte, ist zerbrochen, die Trümmer liegen ungeordnet am Boden. Ich habe nur wenige »Wendehälse« erlebt. Viele bemühen sich, ihr Weltbild neu zu ordnen.

Ich denke, daß mit neuen Informationen, mit neuen Freiheiten, mit neuen Gesprächspartnern diese Neuorientierung nicht nur möglich ist, sondern bereits begonnen hat. Wir müssen hier allerdings in längeren Zeiträumen denken. Aber wir haben auch Zeit. Die Aufgabe der aus dem Westen stammenden Soldaten ist es, diesen Prozeß im Gespräch zu unterstützen und zu versuchen, den Dialog in großer Beständigkeit zu führen. Dabei stellen wir fest, daß auch wir uns einem Prozeß der Veränderung aussetzen. Unser Bild von der homogenen Parteiarmee gerät, zumindest was die Menschen in dieser Armee angeht, ins Wanken. Wir finden Menschen vor, sympathische und unsympathische, offene und verschlossene, leistungsfähige und weniger leistungsfähige. Wir versuchen zu verstehen und fragen uns, wo wir selbst stünden, wären wir in dem anderen System aufgewachsen. Dabei darf die Objektivität nicht verlorengehen. Ich hoffe, daß die Unterscheidung gelingt zwischen denen, die offenen Herzens zu einer Neuorientierung bereit sind, mag der Prozeß auch Jahre dauern, und denen, die versuchen, anderen nach dem Munde zu reden, aus Gründen der sozialen Sicherheit. Ich bin aber überzeugt, daß wir mit einer Vielzahl von Offizieren auch auf Dauer rechnen können, die bereit und fähig sind, mit uns gemeinsam die deutschen Streitkräfte der Zukunft, in denen es gleichgültig sein muß, wo man aufgewachsen ist, aufzubauen.

Übernahmeaktion

Oberstleutnant Vogt

Die uns als Vorkommandounterkünfte zugewiesenen Ledigenwohnheime in unmittelbarer Nähe der Kaserne erwiesen sich aufgrund der unhaltbaren Zustände im sanitären Bereich – eine Duschanlage mit »Einlieger-Toilette« für zwei Häuser – und auch im sogenannten Küchentrakt für längere Zeit als nicht tragbar. Wir überlegten einen Wechsel, da beide Wohnheime bis zu einer Grundreinigung und auch Grundsanierung aus hygienischen Gründen zu sperren waren. Der ehemalige Kasernenkommandant (NVA) gab uns, auch als Zeichen seiner »schnellen Anpassungsfähigkeit«, mit dem Hinweis auf das Erholungszentrum der 9. Panzerdivision in Altwarp den entscheidenden Hinweis.

Eine direkt am Haff gelegene und auch bewirtschaftete Ferienanlage mit zehn Blockhäuschen und einem aus zehn Wohnungen bestehenden Appartementgebäude sollte bis zum Wintereinbruch im November unsere sehr unterschiedlich frequentierte neue Bleibe werden. Täglich zwischen 18.00 und 21.00 Uhr trafen hier die »Wessis« ein, je nach Zugehörigkeit zu den einzelnen Abteilungen des Stabes. Stets sehr spät stießen der Kommandeur, der Chef des Stabes und ich zu der schon versammelten Runde, um zum Leidwesen der »Wirtin« noch ein Abendessen und die obligatorische Flasche Bier zu bestellen.

Das späte Kommen hatte einen besonderen Grund: Das Werben um Vertrauen beinhaltete auch die schnelle Information aller Soldaten der ehemaligen NVA, die mehr als den Grundwehrdienst leisteten, über die Möglichkeit der Übernahme in das Dienstverhältnis eines Soldaten auf Zeit mit zweijähriger Verpflichtungszeit bei der Bundeswehr. Für die Grundwehrdienstleistenden galten die normalen Bestimmungen West, da mit dem Kommandowechsel am 4. 10. 1990 auch das Wehrpflichtgesetz Anwendung fand. In einer sehr schnellen, aber auch nervenaufreibenden Aktion wurden die Offiziere und Unteroffiziere der NVA in das Soldatengesetz allgemein und die Laufbahnstrukturen der Bundeswehr sowie die Bestimmungen zur Übernahme in das Dienstverhältnis eines SaZ eingewiesen. Dabei galt es, besonders die unterschiedlichen Dienstgradstrukturen Bw/NVA herauszustellen, um für die in Verbindung mit der Übernahme zu erwartenden weiteren notwendigen Dienstgradherabsetzungen Verständnis zu erwirken. Diese schnellen Informationsrunden bewirkten einen ersten Abbau von Gerüchten und trugen mit zur Stabilisierung der Lage im Bereich der 9. Panzerdivision bei.

Eine erste Dienstgradkorrektur erfolgte bereits mit der vorläufigen Dienstzeitfestsetzung. Auch dies verlief sehr kurios und der Zeit »angepaßt«. Mit Ausnahme der Grundwehrdienstleistenden standen weder die Offiziere noch die Unteroffiziere ab 4. Oktober 1990 in einem Dienstverhältnis bei der Bundeswehr. Die Uniform war einziges Bindeglied. Da alle Personalakten der Längerdienenden noch zu NVA-Zeiten an das Bundeswehrkommando Ost in Strausberg übergeben wurden, warteten wir geduldig auf die vorläufige Dienstzeitfestsetzung. Doch unser Warten war vergebens. Anfang November kam das erlösende Signal aus dem Wehrbereichskommando VIII, aus Neubrandenburg – die vorläufige Dienstzeitfestsetzungen lägen vor. Wir bereiteten sofort deren Aushändigung vor und stellten ein Kurierfahrzeug zum Abholen bereit. Wie groß war dann noch am gleichen Tag unser Erstaunen über die angekündigte Lieferung. Formulare, nichts als leere Formulare, und obenauf das schriftlich übertragene Recht an den Kommandeur, die »Dienstzeitfestsetzungen eigener Art« für alle Soldaten selbst zu verfügen. Dabei wurde auf einen uns nicht vorliegenden Erlaß des Ministeriums hingewiesen, der die vorläufige Dienstgradfestsetzung beinhaltete. Der alte Divisionskommandeur hatte dieses Papier in seinem Schreibtisch bei den Eppelmannschen Unterlagen – Gott sei Dank. In einer Nacht- und Nebelaktion schrieben fünf Fachkräfte für Schreibmaschinendienste rund um die Uhr. Auch diese Aktion wurde sehr schnell durchgezogen. Der Kommandeur leistete ca. 8000 Unterschriften – Fotokopierer waren rar.

Unruheherd und Gerüchteküche blieb aber noch lange das Ausbildungszentrum 20, eine gekaderte und als Schule aktive Mot-Schützendivision, in der als Kommandeur noch bis Mitte Dezember ein Oberst herrschte, dem neben seiner Regimetreue auch eine Vergangenheit als hoher Politoffizier nachgesagt wurde. Er störte sich wenig an den neuen geltenden Richtlinien und Bestimmungen und agierte bis zu seiner Ablösung nach Gutdünken.

In Verbindung mit der ersten Informationsrunde über das Laufbahnrecht in der Bundeswehr und die Bestimmungen für das Antragsverfahren zur Übernahme als Soldat auf Zeit wurden an alle interessierten Offiziere und Unteroffiziere Bewerbungsunterlagen, bestehend aus den Bewerbungsbögen, dem Zusatzfragebogen und Verpflichtungsunterlagen, verteilt, um die Bewerbungen schnell einzuleiten. Nur, dies war leichter gesagt als getan. Nachdem wir mehr als sechs Wochen auf die Formulare zur Festsetzung des Dienstverhältnisses eigener Art warten mußten, schwante uns Übles; hier mußten wir selbst tätig werden. Dank unserer schon guten Verbindungen zur Kreisverwaltung Ückermünde ließen wir alle erforderlichen Formulare in einer schnellen Aktion auf einer vom Kreis Stormarn als Geschenk überreichten alten Druckmaschine herstellen. Die Bewerbungsbögen wurden aus Restbeständen Bereich III. Korps Koblenz und 3. Panzerdivision Buxtehude zusammengebettelt. Das einzige im Umkreis von 30 km aktive kleine Fotogeschäft in Eggesin hatte Hochbetrieb. Mehr als 1600 Soldaten brauchten Paßfotos für ihre Bewerbungen. Ein gutes und schnelles Geschäft für den Fotografen. Zunächst schleppend, aber nach einem Kommandeur-Rundbrief, der auf die Bedeutung einer schnellen

Bewerbung hinwies doch schnell, gingen die Bewerbungen ein, wurden bei uns in der G-1-Abteilung vorgeprüft, in Kartons vorsortiert und täglich ab ca. 18.00 Uhr (Rückkehr des Kommandeurs von der täglichen Dienstaufsicht) durch Chef des Stabes und G 1 bearbeitet, Stellungnahmen vorbereitet und vom Kommandeur abschließend unterschrieben.

Das klingt alles einfach und ziemlich bedeutungslos. Wie aber war es wirklich? Mit 80 bis 100 Anträgen, auf drei Kartons verteilt, erschien ich regelmäßig nach Rückkehr des Kommandeurs im Vorzimmer und orderte zunächst eine Kanne Kaffee, da die Länge des Abends wieder einmal abzusehen war. Bis der Kommandeur unter dem Motto »Wir haben 1200 Probleme, einige wurden beseitigt, viele neue kamen dazu« uns seine Tageserlebnisse geschildert und wichtige Forderungen für den nächsten Tag festgelegt hatte, auflaufende Telefongespräche abgewickelt und eine letzte Tageslage mit den Abteilungsleitern durchgestanden waren, begannen wir endlich und meistens ungestört mit der vertraulichen Personalrunde, in der abendlich durchschnittlich 50 Anträge abschließend bearbeitet, besprochen und durch den Kommandeur endgezeichnet wurden. Mein erster Blick richtete sich auf das Paßfoto, der erste »persönliche« Kontakt war hergestellt, erst danach wurde der Antrag umfassend geprüft. Der Chef des Stabes richtete sein besonderes Augenmerk auf den Zusatzfragebogen und deckte dabei durch so manche Ungereimtheit zum Bewerbungsbogen, fragwürdige Zusammenhänge und damit stasibelastete Bewerber auf. Eine aufregende Zeit.

Mit den letzten von uns geprüften und an die P-Stelle abgesandten Bewerbungsunterlagen Ende Dezember trafen kurz vor dem Weihnachtsfest auch endlich die von uns lange geforderten ersten Übernahmeurkunden ein. Für uns endete eine Zeit, in der wir Eggesin und Umgebung nur im Dunkeln erlebten.

Spielfähig?

Brigadegeneral von Kirchbach

Wir haben ein Musikkorps. Wenigstens personelle Reste davon gibt es noch. Der Musikkorpschef hat die Division verlassen. Er ist noch vor dem 3. Oktober 1990 ausgeschieden. Bei mir meldet sich ein Oberfeldwebel, der das Musikkorps derzeit führt. Nicht gerade feinfühlig ist das Musikkorps bislang aus Bonn behandelt worden. Zu Besprechungen der Musikkorpschefs ist der Oberfeldwebel, weil in diesem Dienstgrad, nicht zugelassen. Ein Anruf hat ihn bislang erreicht. Sein Musikkorps sei nicht spielfähig, hat man ihm gesagt, und Auftritte verboten. Nach strengen Regeln mag dies alles zutreffen. Es sind nur noch 18 Musiker, der Klangkörper ist sicher unvollständig. Dennoch, gibt es nicht zunächst dringendere Probleme für die Leute? Hätte man ihnen nicht zunächst einmal Hoffnung und Vertrauen vermitteln sollen?

Ich unterstelle das Musikkorps dem Kommandeur des Pionierbataillons. Gleichzeitig kündige ich meinen Besuch an. Ich lasse übermitteln, daß ich einige Stücke vorgespielt haben will. Spätabends komme ich an. Mit dem Kommandeur des Pionierbataillons betrete ich den Übungsraum. Lange spreche ich mit den Musikern, versichere ihnen, daß sie ihre Chance bekommen, entweder im Musikkorps Brandenburg oder bei uns in einer anderen Funktion, z. B. als Sanitätsfeldwebel, die Bereitschaft umzulernen und eine neue Aufgabe zu übernehmen vorausgesetzt. Dann will ich das Musikkorps hören. Meine Besuchsankündigung hatte zu einer schnellen Wiederaufnahme des Übungsbetriebes geführt. Die Blasmusik spielt, und wie ich meine, nicht schlecht. Sie spielt Märsche. Ich verstehe nicht viel davon, aber soviel doch, daß die Musiker durchaus in der Lage sind, bei bevorstehenden internen Veranstaltungen, ohne sich und uns zu blamieren, zum guten Gelingen beizutragen.

In feierlicher Form erkläre ich die Musiker für spielfähig, kündige ihnen einen ersten Einsatz für den Besuch des Befehlshabers des Bundeswehrkommandos Ost, General Schönbohm, an, den wir in wenigen Tagen erwarten. Die Gesichter hellen sich auf. Optimismus hält wieder Einzug. Mit Schwung untermalen die Musiker den Herrenabend beim Besuch unseres höchsten Vorgesetzten im Osten. Beim Feierlichen Gelöbnis treten sie nach dem Ablauf der eigentlichen Zeremonie, die vom Musikkorps Neubrandenburg gestaltet wird, in einem Platzkonzert auf. Beim Jahresempfang der Division spielen sie und das nicht schlecht. Erst im Februar/März 1991 sind sie wirklich nicht mehr spielfähig, nach weiteren Irritationen werden alle, die einen Übernahmeantrag gestellt haben, übernommen. Sie werden nach Neubrandenburg versetzt. Das Versprechen der fairen Chance ist eingelöst. Meine Erklärung »das Musikkorps ist spielfähig« hat dazu beigetragen, daß wenigstens bei einigen aus Resignation Hoffnung wurde. Dieser Beitrag könnte auch unter dem Kapitel »Front und Etappe« stehen.

Die Kasernen

Brigadegeneral von Kirchbach

Nach Ankunft sehe ich mein Dienstzimmer in den ersten Monaten hauptsächlich am frühen Morgen oder späten Abend. Tagelang bin ich unterwegs in den Kasernen, lasse mir von den Kommandeuren vortragen, spreche mit Hunderten von Soldaten.

Die Kasernen sind alle ähnlich. Große graue Blocks, im Rechteck um einen Rasenplatz angeordnet, mit einem Club- und einem Stabsgebäude, prägen das Bild des Unterkunftsbereiches. Auf dem Rasenplatz wurden militärische Appelle durchgeführt. Soldaten räumen die Straßen vom Laub. Hinter den Unterkunftsbereichen große technische Bereiche mit verschließbaren Hallen, extra eingezäunt und extra bewacht, mit Instandsetzungshallen und Baracken für in der Kaserne arbeitendes Zivilpersonal. Häufig liegt ein Munitionslager in unmittelbarer Nähe.

In einem ersten Rundgang durch den eigenen Stab mit meinem Vorgänger finde ich eine Vielzahl hermetisch voneinander abgetrennter Bereiche. Nahezu jede Tür ist verschlossen. Man muß klopfen oder klingeln, dann öffnet der jeweilige Offizier oder Unteroffizier. In einem Raum, von einem Unteroffizier verwaltet, liegen Aktentaschen für jeden Offizier, in guter Ordnung, numeriert. Sie wurden jeden Morgen abgeholt und enthielten die zu bearbeitenden Verschlußsachen. Die Arbeitsräume wurden jeden Abend versiegelt. Ein diensthabender Offizier, drei wechselten sich ständig ab, hat ständige telefonische Verbindung zu allen entsprechenden Diensthabenden der Regimenter und denen der Division direkt unterstellten Bataillone. So ist jeder Verband zu jeder Tages- und Nachtzeit direkt erreichbar. Ich lasse dieses System zunächst bestehen, es erleichtert die Übermittlung von Nachrichten in den ersten Wochen. Am Eingang des Stabsgebäudes ist eine Platte mit zahlreichen Schaltern angebracht. Wer das Stabsgebäude betritt oder verläßt, betätigt einen Schalter. Die Betätigung des Schalters löst ein Lichtsignal beim diensthabenden Offizier aus. So ist eine ständige Übersicht oder auch Überwachung gewährleistet, wer anwesend ist und wer nicht. In den Dienstzimmern der Kommandeure in einer Ecke und in jedem Unterkunftsblock fand man einen viereckigen Kasten. Es handelte sich um eine Alarmanlage, die mit akustischen und Lichtsignalen arbeitete. Diese Anlage wird zunächst noch immer getestet, bis ich die Abschaltung befehle. Wir hören, daß diese Alaramanlage von Moskau aus geschaltet werden konnte und hören und sehen mit Beklemmung, daß es bei diesen Alarmanlagen nicht geblieben ist.

Die Alarmierungsmöglichkeiten gehen bis in die Wohnsiedlungen; in den Treppenaufgängen befinden sich Sirenenanlagen. Gerne hätte ich dies manchem Friedensbewegten gezeigt.

In allen Dienstzimmern gibt es eine einheitliche Anordnung des Mobiliars. Wenn man den Raum betritt, sieht man einen Schreibtisch, quer dazu ein Tisch, um den einige Stühle angeordnet sind. Ich lasse dies schnell ändern, um es möglich zu machen, daß jemand mir am Schreibtisch gegenübersitzen kann. In unserem Stabsgebäude gibt es eine Zentralheizung, in anderen Kasernenanlagen stehen auch in diesen Zimmern große Öfen, die jeden Morgen beheizt werden. Die Sauberkeit in den Stabsgebäuden ist gewährleistet, nur die sanitären Anlagen sind von der Art als auch von der Sauberkeit verbesserungsbedürftig.

Die Unterkunftsgebäude hinterlassen den tiefsten Eindruck. Bis zu 20 Soldaten liegen in einer Stube. Zu manchen Zeiten waren die Kasernen total überbelegt. Wir finden davon nichts mehr vor. Aber die Phantasie ist vielfach nicht soweit gegangen, die Belegung nunmehr aufzulockern. Die Spinde sind klein, bestehen aus Pressplatten und sind in einem schlechten Zustand. Stühle hat man den Soldaten nicht gegönnt. Jeder hat einen Hocker. Waschräume, Toiletten, sie sind nicht nur häufig schlecht, sie sind auch häufig ausgesprochen dreckig. Duschen gibt es in aller Regel nicht. In jeder Kasernenanlage gibt es ein Duschhaus, das aber nicht in jedem Falle in einem benutzbaren Zustand ist.

Mangel an Geld zur Verbesserung der Infrastruktur hat offensichtlich dazu geführt, daß auch dort nichts mehr gemacht wurde, wo ein Scheuerlappen und Putzmittel ausgereicht hätten. Enge, meist brüchige Spinde, dicht belegte Stuben, Dreck in Waschräumen und WCs, die Blöcke vielfach mit Ofenheizung beheizt, dies sind die gängigen Eindrücke der Mannschaftsunterkünfte. Die Duschhäuser werden von den Soldaten selten benutzt. Dies wird auch nicht beaufsichtigt. Meist ist es den Soldaten nicht zu verdenken. Auch hier findet man oft viel Dreck und Kohlenstaub, Zeichen für Lethargie und Gleichgültigkeit, auch die Duschhäuser werden selten gereinigt. So »schüsseln« die Soldaten. Sie übergießen sich mit Wasser oder schrauben die Wasserhähne ab und einen Handschlauch an. Es gibt einige wenige Unterhaltungsräume und Fernsehgeräte, aber in der Regel, wie überall in diesem Gebiet, ist nur der Empfang eines Programms möglich. Zeitungen gibt es kaum. Uniform, persönliche Sauberkeit, Haarschnitt der Soldaten lassen zu wünschen übrig. Die Soldaten der Grundausbildung stechen im allgemeinen noch vorteilhaft ab. Ein Soldat schläft direkt neben dem Ofen. Es muß unerträglich sein. Aber der Soldat trägt es mit Fassung. Seinem Kommandeur erklärte er, er schlafe in kurzen Unterhosen, da sei es auszuhalten. Nicht überall ist es gleich schlecht. Der eine oder andere Block sticht vorteilhaft ab. Auch diese Blocks sind in schlechtem baulichen Zustand, aber sie sind sauber und, soweit möglich, gepflegt. Noch lagern in den Waffenkammern Waffen und Munition zusammen. Aber die Arbeiten, dies zu ändern, haben begonnen.

Die Küchen sind ein anderes düsteres Kapitel.

Uraltes Gerät, uraltes Geschirr, die Küchen sind über viele Jahre nicht in Ordnung gebracht, das Geschirr und Arbeitsgerät ist offensichtlich seit langer Zeit nicht ersetzt worden. Aber leider auch hier Gleichgültigkeit und Lethargie. Häufig ist auch die notwendige Grundhygiene nicht gegeben. Töpfe werden nicht gespült, starren manchmal vor Dreck. Immer wieder werden schimmelnde Abfälle gefunden. Soldaten, Küchenpersonal tragen unsaubere Kleidung oder Uniformen. Viele Lebensmittel sind überlagert. Auch hier gibt es Unterschiede, aber kein Zweifel, daß wir nach westlichen Maßstäben die Masse der Küchen hätten schließen müssen. Selten ist es die Schuld der Leute. In einer Küche in Drögeheide ist wirklich nichts zu machen. »Tropfsteinhöhle« nennen die Soldaten einen der Küchenräume, durch den viele undichte Leitungen führen, in dem es ständig feucht ist und von den Wänden tropft. Auch Ratten und Ungeziefer kommen vor.

Von diesen Küchen aus werden die Soldaten verpflegt. Und nicht nur diese. Nahezu jede Kaserne hat noch andere Verpflichtungen. Schulklassen kommen in die Kaserne und essen hier. Verpflegung wird in Kindergärten geliefert. Warum auch nicht. Hier darf man nicht auf Vorschriften beharren. Ein Glück wirklich, daß wir hier freie Hand haben, gegen Mißstände energisch einzuschreiten und positive Dinge zunächst weiterlaufen lassen können.

Das Spülen ist noch eine besondere Geschichte. Es gibt nur wenige Spülmaschinen, die meist nicht funktionieren. Wo sie funktionieren, reichen sie allenfalls für das Küchengeschirr. Die Soldaten essen von Plastikgeschirr und mit Aluminiumbesteck. Am Ausgang stehen Kübel mit Wasser, in denen das Geschirr oberflächlich gesäubert wird. Oft ist das Wasser kalt und es wird nur sehr selten erneuert. Wo das Geschirr unter laufendem Wasser gesäubert wird, bedecken in kurzer Zeit Essensreste den Boden. Man schüttelt sich beim Zusehen.

Neben den Küchen liegen die Speiseräume. Es gibt jeweils drei davon. Einen benutzen die Mannschaften und die Unteroffiziere gemeinsam. Er ist kärglich mit Schemeln eingerichtet. Ein zweiter ist für die Offiziere. Daneben gibt es noch den Leitungsspeiseraum. Er ist der einzige, der gut eingerichtet ist und ist dem Kommandeur und seinen Stellvertretern vorbehalten. Immer wieder wird mir von unterschiedlicher Verpflegung für Offiziere und die Mannschaften vorgetragen. Die Klagen lassen sich selten klar beweisen. Eins steht allerdings fest. Täglich werden zwei verschiedene Gerichte angeboten. Es kommt vor, daß bei den Mannschaften das bessere Gericht oft sehr schnell vergriffen ist. Unglücklicherweise wird in einem Bereich, in dem die Klagen besonders häufig sind, für Mannschaften und Unteroffiziere in einer anderen Küche gekocht als für die Offiziere.

Ein nächster Blick gilt den Heizhäusern. Es gibt in jeder Kaserne mehrere davon. In einer Kaserne gibt es elf von diesen Heizhäusern, alle mit Braunkohle geheizt, und alle blasen den Ruß ungefiltert in die Luft. Vor den Heizhäusern finden sich jeweils riesige Kohlehalden. Duschhaus, Küche, Sanitätsbereich werden oft von eigenen Heizhäusern beheizt. Dennoch reicht die Kapazität nicht immer aus. In einer Küche muß jeweils entschieden werden, ob der Warmwasserbereitung oder der Heizung des Speiseraumes der Vorzug zu geben ist. In der Kaserne mit den vielen Heizhäusern werden dennoch die Masse der Unterkunftsblöcke mit Öfen geheizt. Viele Tonnen Braunkohle werden verfeuert. Aber mit diesen Heizungen heizen wir nicht nur für uns. Hunderte von Wohnungen werden von diesen Heizhäusern mitversorgt. An diesen Heizungen hängen viele Beschäftigungsverhältnisse. Heizer zu sein, ist eine begehrte Stelle.

Die technischen Bereiche heißen hier »Parks«.

Hier stehen die Gefechtsfahrzeuge, die »Technik«. Diese Fahrzeuge stehen häufig in geheizten Hallen. Alles, was uns sonst ärgert, ist hier ganz anders. Jedes Fahrzeug ist im Bestzustand. Es war ständig aufmunitioniert. Nur ein geringer Teil der Waffensysteme wurde für die Ausbildung verwendet und von Einheit zu Einheit weitergegeben. In Vorbereitung auf die Bundeswehr hat man die Munition nun hinter den Fahrzeugen gelagert. Der Aufmarsch war hervorragend geregelt. Ein Ampelsystem zeigt an, wer fahren kann und wer noch warten muß. So waren von der materiellen Seite her alle Voraussetzungen gegeben, daß die Division in weniger als 60 Minuten nach der Alarmierung auf dem Marsch sein konnte. Zugang zum gesondert bewachten Park bekam man über einen »Offizier vom Park«, der den Betrieb regelte.

Die Parks quellen über von Gerät und Fahrzeugen. Es wird Monate dauern, bis wir die Munition aus den Kasernen haben, weil auch die Munitionslager voll sind und der Abschub nur langsam in Gang kommt. Oft liegt die Munition nicht nur in den Bunkern, sondern ist bis zur Grenze der Kapazität auch frei gelagert. Die Lager sind von einer durch einen Maschendraht gesicherten Hochspannungsleitung umgeben, die bei Berührung tödlich wirkt. Sie wurde in der Nacht zum 3. Oktober 1990 abgeschaltet. So mußte die Wache sofort erheblich verstärkt werden. Die Wachlokale, hier Kdl, »Kontrolldurchlaß« bezeichnet, sind in unzumutbarem Zustand. Es wird einige Zeit dauern, bis wir sie verbessert haben, Priorität haben die Unterkünfte.

Die Kasernen wirken grau und trist, sie sind es auch. Etwas besser sind die Klubs. Sie stehen jedem Regiment zur Verfügung. Im Klub befindet sich eine Gaststätte, eine Bücherei, verschiedene Aufenthaltsräume, ein Kino, seit der Wende auch in dem einen oder anderen Fall ein Verleih für Videofilme.

Wie soll man dies alles bewerten? Ich kann natürlich keinem Soldaten einen Vorwurf machen, der die Forderung nach ständiger Einsatzbereitschaft nach besten Kräften erfüllt. So ist nichts gegen gut gepflegte, in Marschbereitschaft gehaltene Fahrzeuge zu sagen. Die Verteilung der Ressourcen so eindeutig zugunsten des Materials ist allerdings fragwürdig. Noch fragwürdiger ist es, daß nicht alles, was mit den beschränkten Mitteln gemacht werden konnte, wirklich gemacht wurde. Nachdenklich machte, daß durchaus vernünftiges Material vorhanden war. Wir brauchten keinen Stuhl zu kaufen, um in wenigen Tagen wenigstens die Speiseräume damit auszustatten. Bei den Unterkunftsdiensten gab es ordentliche Spinde in nicht geringer Zahl. Warum hat man nicht wenigstens in den kritischen Bereichen auf Sauberkeit geachtet? Sind wirklich alle Nachlässigkeiten auf die letzten Monate zurückzuführen, in denen die NVA zerbrach? Wieviel zählten die grundwehrdienstleistenden Soldaten? Die Antwort auf viele Fragen ist nicht mehr möglich, und sicher gibt es auch keine für alle Bereiche gleichermaßen zutreffende Antwort.

Sofortprogramm und Wechselbäder

Brigadegeneral von Kirchbach

Es muß schnell etwas geschehen, da sind wir uns alle einig. Und es wird in allen Bereichen entschlossen zugepackt. Die Schemel in den Küchen, und nach und nach auch die in den Stuben, werden durch Stühle ersetzt. Die schlechtesten Spinde werden ausrangiert und durch ordentliche, später nach und nach durch die größeren Unteroffiziersspinde, ersetzt. Die Küchen werden gereinigt, die Standortverwaltung legt ein Sofortprogramm auf. Altes Gerät wird mit dem bei den Unterkunftsdiensten vorhandenen neuen getauscht. Großreinemachen ist angesagt. Die Duschhäuser werden, soweit nötig und möglich, in einen benutzbaren Zustand gebracht. Einige Einheiten finden Hilfsmöglichkeiten und bauen eine oder zwei Brausen in die Waschräume. Aber oft hilft dies nicht lange. Eine Kompanie kommt zum Duschen und das Duschhaus ist wieder dreckig, ein »Kompaniefeldwebel« zuckt mit den Achseln, der Chef ist überrascht, daß mich diese Dinge interessieren. Eine Küche ist sauber, und wenige Tage später gibt es wieder dieselben Beanstandungen. Einzelne Mitarbeiter brauchen lange, bis sie lernen, saubere Kleidung oder Uniformen zu tragen. Aber manchmal liegt es auch an der langsam arbeitenden Wäscherei. Die Wehrbereichsverwaltung schreibt auf unseren Antrag, Spinde aus dem Westen hierherzuschaffen, daß es genug vernünftige Spinde im Osten gäbe, aber die Standortverwaltung vor Ort hat Probleme, diese zu finden. Bis zur Beschaffung von Spülmaschinen versuchen wir mit Bordmitteln, die Ausstattung der Küchen und Speiseräume zu verbessern, mit unterschiedlichem Erfolg. Immer wieder gibt es Beschwerden und leider müssen wir immer wieder feststellen, daß sie recht haben. Dennoch, es geht langsam aufwärts. Der Unterkunftsdienst muß sich daran gewöhnen, Gerät nicht zu horten, sondern alles zum Wohle der Soldaten herauszugeben, was da ist. Gleichzeitig muß auch erzwungen werden, daß die Geräte pfleglich behandelt werden. Auch dies ist nicht immer gewährleistet.

Immerhin, allein durch eine andere Verteilung des vorhandenen Materials konnten viele Verbesserungen erreicht werden. Bei meiner Dienstaufsicht mache ich es mir zur Gewohnheit, auch Blocks, Stuben und sanitäre Anlagen auf Sauberkeit zu prüfen. Ein Kontrollteam für die Sauberkeit der Küchen wird im gesamten Divisionsbereich tätig. Noch ein Jahr später gibt es gelegentlich schlimme Ergebnisse.

Grundsätzliche Änderungen sind allerdings nur durch Baumaßnahmen möglich. Ich denke kurzfristig. Jeder Monat, den wir warten, läßt Soldaten nach Hause gehen, die von den Fortschritten nichts haben. Wir bekommen überraschend schnell und überraschend viel Geld. 50 Millionen können wir im Jahre 1991 verbauen. Schnell werden die Aufträge zur Renovierung der Blocks vergeben, schnell beginnt die Arbeit, schnellen und guten Fortgang nehmen die Arbeiten. Die Koordination erfolgt zentral zunächst durch die Division, später durch den Standortältesten. Im Rahmen der übergreifenden Prioritäten stellen die Kasernenkommandanten ihre Forderungen. Das System funktioniert. Mitte des Jahres 1991 sind 29 Blocks in Arbeit, im Juni wird der erste total renovierte Block an die Truppe übergeben. Gleichzeitig beginnt das Wegräumen des Mülls, werden Küchen stillgelegt, andere renoviert. Sanitätsbereiche werden verlegt. Wir haben Besuchern etwas zu bieten. Aber darum geht es nicht, es geht um unsere Soldaten, und ihre Lebensverhältnisse können wir tatsächlich in kurzer Zeit deutlich verbessern.

Nicht alle wissen dies zu schätzen. Ein Block wird durch Soldaten, die kurz vor ihrer Entlassung stehen, schwer beschädigt. Wir müssen die Dienstaufsicht verdichten. Als Hilfe geben wir eine Taschenkarte zur Selbstkontrolle heraus mit vielen Hinweisen, die eigentlich Selbstverständliches beinhalten. Nicht alle Soldaten, dies ist wie im Westen, entsprechen dem Leitbild des Staatsbürger in Uniform. (Siehe dazu Anhang, S. 184 ff.).

Politgelder

Brigadegeneral von Kirchbach

Irgendwann Anfang Oktober 1990 stelle ich fest, daß es keine Zeitungen gibt. Kann der Finanzökonom helfen? Er bietet 500 DM an. Dies ist nicht mehr als ein Tropfen auf den heißen Stein, ich frage aber nach, woher das Geld kommt. Noch gelten für uns die Vorschriften der NVA für die Geldwirtschaft. Mir wird erklärt, daß das Geld aus dem Titel »Staatsbürgerliche Arbeit« kommt. Ich frage, ob dies der alte Polittitel ist, und meine Frage wird bejaht. Ich breche das Gespräch ab und bitte, mir am nächsten Tag vorzutragen, wieviel Geld auf dem Titel ist, was davon freigegeben, was schon ausgegeben ist und was gebunden, was demnach für welchen Zweck verfügbar ist. Ausschlaggebend für dieses Vorgehen war die Vermutung, daß möglicherweise dieses Geld nur mit großer Zurückhaltung ausgegeben sein könnte. Das Ergebnis übertrifft alle Erwartungen. Grob sind noch 120 000,00 DM da, davon ca. 30 000,00 DM gesperrt. Also können wir 90 000,00 DM ausgeben, für staatsbürgerliche Bildung und für Völkerfreundschaft. Das Geld wird auf die Verbände verteilt, und ich weise die Kommandeure persönlich ein.

Staatsbürgerliche Bildung ist, so lege ich fest, was die Lebensbedingungen verbessert und die Arbeit erleichtert. Vom Wasserhahn bis zur Satellitenantenne, vom Kopierer bis zur Farbe, alles ist staatsbürgerliche Bildung. Das Problem Zeitungen ist, Wochen vor einer zentralen Regelung, in unserem Bereich gelöst. Auch Weihnachtsgeschenke für diensthabende Soldaten, es sind über 300, und Geschenke für bedürftige Kinder werden aus diesem Geld finanziert. Als die 90 000,00 DM zur Neige gehen, beantragen wir die Freigabe des Restes, immerhin noch einmal 30 000,00 DM. Auch dies wird genehmigt.

So hat das »Politgeld« in den ersten drei Monaten viel Gutes bewirkt. Dies wirkt sich noch heute positiv aus. Fast jeder Block, in dem Wehrpflichtige wohnen, ist mit einer Satellitenantenne ausgestattet. Einige Kopierer erleichtern unsere Arbeit. In den Blocks konnten einige Verbesserungen eingeleitet werden, bevor das Programm der Standortverwaltung griff. Es hat auch Spaß gemacht, das Geld für einen ganz anderen Zweck zu verwenden, als es ursprünglich gedacht war, wie ich glaube, für einen guten Zweck. Es konnte ausgegeben werden, auch wenn ein Offizier sich energisch wehrte mit dem Argument, »die sollen unser Geld nicht bekommen«.

Ein Nachmittag in der Stabskompanie

Brigadegeneral von Kirchbach

20 Soldaten erwarten mich. Mannschaftsdienstgrade und junge Unteroffiziere. Mir wird gemeldet. Ich versuche, mit den Leuten ins Gespräch zu kommen. Schließlich kann ich sie bewegen, etwas über sich selbst zu erzählen.

Alle haben einen Beruf, an die Bezeichnungen muß ich mich erst gewöhnen. Agrar-Mechanisator steht für Traktorfahrer einer LPG... Die Soldaten erzählen von ihrer Schulzeit und Lehre, sie erzählen von der Angst und Unsicherheit, die durch die Betriebe geht. Von ihrer Dienstzeit reden sie kaum.

Es ist alles in Ordnung, sagen sie. Die Bereiche der Stabskompanie sehen auch besser aus als fast alle anderen Blocks und Bereiche. Sie sind sauber, was mit beschränkten Mitteln gemacht werden konnte, ist gemacht worden. Eine Stunde mühsames Gespräch, dann gehe ich wieder. Am Abend frage ich den Fahrer, der mich nach Hause bringt, und der bei dem Gespräch dabei war, nach dem Grund der Zurückhaltung. »Ein Oberst bei uns«, sagt er, »das hat es noch nie gegeben.«

Dunkle Nacht

Brigadegeneral von Kirchbach

Es ist Nacht. Ein langer Tag liegt hinter uns. Nebelschwaden ziehen über das Haff. Wir sind in Altwarp angekommen, wollen mit dem Chef des Stabes des III. Korps, der uns besucht, zu Abend essen. Da werde ich ans Telefon gerufen. Der Kommandeur des Panzeraufklärungsbataillons ruft an. Er meldet einen Selbstmord. Ein junger Soldat der Ausbildungskompanie hat sich in seiner Arbeitsstelle, einer Melkerei, aufgehängt.

Die Umstände sind erschreckend. Am späten Morgen war der Junge gefunden worden, erst am Abend wurde die Einheit verständigt. Das Fehlen des jungen Mannes war nicht aufgefallen. Dies kam in der Anfangszeit öfters vor. Die Rekruten hatten es sich zur Angewohnheit gemacht, abends in die Wohnorte, meist kleinere Dörfer in der näheren und weiteren Umgebung, zu fahren und dort in der örtlichen Gastwirtschaft zusammenzusitzen und größere Mengen zu trinken. So war es auch diesmal. Aber es ging nicht glatt. Es kam zum Streit zwischen den Dorfbewohnern und einem Teil der jungen Soldaten. Ein Anlaß war nicht auszumachen, aber große Mengen Alkohol tun ihr Wirkung. Ein Soldat zog ein Messer, ein Dorfbewohner wurde verletzt. Der junge Mann, der sich selbst getötet hat, entstammt diesem Ort. Er ist Sohn einer Familie mit neun Kindern und seit einiger Zeit mit einer behinderten Frau verheiratet. Er hat ohne großen Erfolg versucht, den Streit zu schlichten. Was hat ihn dazu gebracht, sich selbst zu töten, offensichtlich nachdem einige Stunden vergangen waren? War es Scham vor seinen Mitbürgern oder Angst vor seinen Kameraden? War es der Alkohol oder ein Gefühl, den Dingen nicht gewachsen zu sein? War es eine Mischung verschiedener Motive? Wir werden es nie erfahren.

Aber die Nachricht, die kurz vor dem Anruf in der Kompanie bekannt wurde, hat vor allem die anderen beteiligten Soldaten tief getroffen. Ist eine zweite Kurzschlußhandlung zu befürchten, wenn sich die jungen Leute selbst eine Mitschuld zuweisen?

Bei Nacht fahre ich mit dem G 1 in die Kompanie. Dann sitzen wir in einem kahlen Raum mit vier jungen Leuten zusammen. Ganz einfache Jungen sind es, die zunächst kaum eines Wortes fähig sind. Ich versuche, bis auf den Grund der Seele der jungen Leute vorzudringen. Langsam und stockend beginnen sie zu reden. Sie machen sich Vorwürfe, klagen sich an, fragen warum, beteuern, dies nicht gewollt zu haben. Die jungen Soldaten machen einen verängstigten, schüchternen Eindruck. Man kann sich kaum vorstellen, daß einer von ihnen am Vorabend bei einem Streit ein Messer gebraucht hat. Langsam, das Gespräch dauert mehrere Stunden, gelingt es, sie zum Zuhören zu bewegen. Ich versuche ihnen klar zu machen, daß ihr Handeln falsch war, daß sie sich aber am Tode des Kameraden keine Mitschuld geben dürfen. Wie gesagt, es dauert eine Weile, bis sie überhaupt in der Lage sind, zuzuhören. Sie müssen bestraft werden und das geschieht später auch. Aber eine weitere Kurzschlußhandlung muß verhindert werden, dies gelingt.

Dunkle Nacht, Nebel, fahles Licht in einem kahlen Raum, Gespräch um einen Selbstmord und der intensive Versuch, einen weiteren zu verhindern. Ein Gespräch, das das Innere der Beteiligten erreichen muß und schließlich auch erreicht. Es ist eine schlimme Zeit, es ist tiefe Nacht in Drögeheide.

Auch in den alten Bundesländern haben wir versuchte oder vollzogene Selbsttötungen erlebt. Eine Kettenreaktion jedoch, wie sie hier zu befürchten war, ist wohl nur unter den besonders tristen Umständen denkbar.

Fürsorge

Brigadegeneral von Kirchbach

Bei mir meldet sich der von meinem Vorgänger eingesetzte Leiter des sogenannten Konversionsbüros. Sein Ziel war es, mit eigenen Maßnahmen den Übergang von entlassenen Soldaten ins Zivilleben zu unterstützen. Dies erschien in einer Zeit, in der die Arbeitsämter noch nicht in vollem Umfang arbeitsfähig waren, besonders wichtig.

Ich entscheide, dieses Büro nicht nur weiterarbeiten zu lassen, sondern seine Arbeit noch zu verstärken und die Kontakte in den Westen in die Arbeit einzubeziehen. Dem G 1 wird die Aufsicht übertragen. Die Zeit drängt. Viele Soldaten werden im Dezember entlassen. Wir können keinen Tag verschwenden. Vorträge von Firmen und Bildungsträgern werden organisiert. Diese Veranstaltungen werden auch den Bürgern angeboten und finden guten Zuspruch. Wir zählen mehrere Hundert Zuhörer bei verschiedenen Veranstaltungen. Jeden Tag melden sich mehr als ein Dutzend Soldaten beim Büro, das mittlerweile Büro für Betreuung, Fürsorge und Freizeit heißt. Alle Arbeitsplatzangebote sind dort zu finden. Jedem kann geholfen werden, mit dem notwendigen Papierkrieg fertigzuwerden. Ein Institut aus Nordhorn macht ein vernünftig klingendes Angebot. Nach einem Gespräch mit dem Arbeitsamt und dem mittlerweile eingerichteten Berufsförderungsdienst sage ich Unterstützung zu und stelle, wie auch für andere Bildungsträger, Räume zur Verfügung. Etwa 600 Soldaten können auf der Grundlage des Arbeitsförderungsgesetzes und in guter Zusammenarbeit mit dem Arbeitsamt und dem Berufsförderungsdienst in langfristige Qualifizierungsmaßnahmen vermittelt werden. Viele Soldaten finden auch Arbeitsplätze bei Firmen, die bei uns vorgetragen haben.

Aber es fehlen gute Angebote im gewerblich technischen Bereich. Da erinnert mich der G 1 an unsere vorbildliche Zusammenarbeit mit der Handwerkskammer Koblenz in unserer dortigen Zeit in der Westerwaldbrigade. Ich schreibe dem Geschäftsführer. Die Antwort läßt nicht lange auf sich warten. Wir treffen uns in Berlin. Ein Plan entsteht. Die Handwerkskammer schlägt vor, für interessierte Soldaten und Zivilbedienstete sechswöchige Orientierungslehrgänge mit hohem praktischem Anteil am Koblenzer Berufsbildungszentrum anzubieten, an die sich dann je nach persönlichem Interesse und nach Qualifikation weitere Maßnahmen anschließen können. Die Sache ist nicht ganz einfach, aber schließlich gelingt es, Handwerkskammer, Arbeitsamt, Division und den Berufsförderungsdienst an einen Tisch zu bekommen und die Durchführung dieses Angebots sicherzustellen. Das Arbeitsamt finanziert die Lehrgänge nach dem Arbeitsförderungsgesetz, das Koblenzer Korps stellt die Unterkünfte zur Verfügung, wir finden Wege, die Befreiung vom Dienst zu gewährleisten. Alle handeln unglaublich schnell.

Das Interesse unserer Soldaten ist groß. Nach weniger als sechs Wochen beginnen zwei Lehrgänge. Offiziere, Unteroffiziere und Mannschaften, alle nach ihrer Entlassung von Arbeitslosigkeit bedroht, fahren nach Koblenz und sind begeistert. Ich besuche sie bei einem Aufenthalt in Bonn. Ein junger Wehrpflichtiger hat seine Neigung und Fähigkeiten als Stukkateur entdeckt. Sein Meister sagt mir, daß er seit

Jahren keinen derart begabten Schüler erlebt hätte. Der Soldat wird nach der Entlassung seinen Beruf wechseln. Mehrere Soldaten machen in langfristigen Maßnahmen weiter. Viele finden Arbeit im Koblenzer Raum. Soll ich darüber traurig sein? Nein, wir müssen zuerst an das Hier und Heute denken. Es ist besser, jemand hat in Koblenz Arbeit, als daß er hier arbeitslos ist.

Im Herbst gehen noch einmal viele Weiterverwender, die im Dezember entlassen werden, für drei Monate nach Koblenz. Sie werden dafür ohne Geld- und Sachbezüge beurlaubt. Wieder erreicht uns aus Koblenz die Nachricht, daß weit mehr als die Hälfte von ihnen bereits einen Arbeitsplatz gefunden hat. Zu gleicher Zeit erreicht uns die Nachricht eines örtlichen Unternehmers, daß er einige Arbeitsplätze anzubieten hat, für die speziell Soldaten gesucht werden. Wir informieren unsere Weiterverwender. Wenige Tage später sind die Arbeitsplätze besetzt, und wir haben wieder 18 Soldaten untergebracht.

Nicht alles geht reibungslos. Nicht jedem ist klar, daß in der Grauzone gehandelt werden muß, nicht abgewartet werden darf. Klar ist auch, daß wir nicht immer nach den Buchstaben der Vorschrift handeln können. Die Aktion mit der Handwerkskammer erregt Aufsehen. Es gibt kritische Fragen. Mir wird Kompetenzüberschreitung vorgeworfen. Dies ist sicher richtig. Aber wir konnten am Rande der Vorschriften viel Gutes bewirken. Alle Vorgesetzten stützten die Division. Die Maßnahmen können weitergehen, solange Bedarf besteht. Auch für die Grundwehrdienstleistenden konnte Gutes getan werden. Durch die schnelle Leistungsbereitschaft des Berufsförderungsdienstes (BFD) wurden 1991 in 38 vierwöchigen Kursen nach Dienst eine Fülle von Lehrgangsarten (z. B. Computerkurse) angeboten, die nicht nur als geplante Freizeitgestaltung zu sehen sind, sondern auch zur Verbesserung der beruflichen Chancen dienen. Trotz des großen Angebotes konnte die Nachfrage nicht gedeckt werden. Die Berater des BFD sind Dauergäste in Eggesin.

Disziplin

Brigadegeneral von Kirchbach

Es ist Nacht. Ich bin mit unserem Streifenwagen unterwegs, um Wachen in den Munitionslagern der Division zu überprüfen. Dies hat seinen besonderen Grund. Der erste Eindruck von unseren Wache stehenden Soldaten war erschütternd. Mein erster Blick in ein Wachlokal am 4. Oktober 1990 zeigte ein Fernsehgerät, vor dem mehrere Soldaten saßen, die an ihrem Auftrag wenig interessiert waren. Kontrollen finden nicht statt. Es genügt schon, ein Westfahrzeug zu fahren, um Zutritt zu jeder Kasernenanlage zu erlangen. Ungepflegte Posten sehen ihren einzigen Auftrag darin, das Tor zu öffnen oder zu schließen. Die Soldaten, einschließlich der meisten Vorgesetzten, wirken lustlos, gleichgültig, ohne jeden inneren Antrieb.

Ein Besuch in einem ehemaligen Führungsbunker der NVA, der mit fast 50 Soldaten der Division zu bewachen ist, hat diese Eindrücke weiter verstärkt. Im Wachlokal sitzt ein Unteroffizier, dreckiger Arbeitsanzug, unrasiert, mit einem Ring im Ohr. Ich frage nach Einzelheiten des Auftrags, er kann keine Antwort geben. Er sitzt seine Zeit ab. Die Streifenposten werden abgelöst. Eine Sicherheitsüberprüfung der Waffen gibt es nicht. Die Soldaten laden und entladen ihre Waffen ohne jede Aufsicht. Die Wachanweisung ist nicht schlecht. Aber nichts davon wird umgesetzt. Dienstaufsicht gibt es kaum, sie wird jedenfalls nicht wirksam. Ich kann dem Unteroffizier noch nicht einmal böse sein. Eine Ausbildung zum Vorgesetzten hat er nicht erhalten. Er war als Kraftfahrer eingesetzt. Nun ist er mit seiner Aufgabe, bei deren Erfüllung ihn niemand unterstützt, völlig überfordert. Er ist froh, wenn er mit den unterstellten Soldaten wenigstens den Schein des Wachdienstes aufrechterhalten kann. Schlecht behandelt worden ist er auch. Er hat bei drei Stellen ein Entlassungsgesuch gestellt und auch Anspruch darauf, entlassen zu werden. Der beantragte Termin ist nur noch zwei Tage entfernt. Eine Antwort hat er nicht erhalten. Wie die Überprüfung ergibt, ist das Gesuch auch gar nicht bearbeitet worden. Man wußte nicht, wie es gemacht wird und hat sein Gesuch in die Ablage gelegt. Es macht einige Mühe, den jungen Mann noch termingerecht zu entlassen.

Wenig später dringen Berichte nach Eggesin, die fast nach Meuterei klingen. Die Soldaten dieser Führungseinrichtung fühlen sich schlecht informiert, schlecht behandelt, schlecht untergebracht. Sie wollen sich weigern, ihren Wachdienst weiter zu verrichten. Sie verlangen, einen »West«offizier zu sprechen. Der Führer des Unterstützungskommandos löst die Krise mit einer Mischung von Gesprächsbereitschaft und Härte. Wir müssen eingreifen, obwohl uns die Wache nicht untersteht. Kurz darauf werden wir von dieser Wachverpflichtung entbunden.

Ein Munitionslager wird von fast 100 unserer Soldaten bewacht. Wir haben sie allerdings noch nie gesehen. Der erste Eindruck bei einem abgesprochenen Besuch ist etwas besser. Ein Disziplinarvorgesetzter ist vor Ort, dies scheint sich positiv auszuwirken. Die Aufgabe ist fast unlösbar. Viele Kilometer Zaun sind zu bewachen, die Hochspannungsanlage ist abgeschaltet. Im Lager sind Mufflons aus dem früheren Jagdrevier eines Generals eingesperrt und laufen, die Posten erschreckend, durch das Areal. Der Schein besserer soldatischer Ordnung trügt. Nach Entlastung vom Wachauftrag kommen die Soldaten, transportiert in einem Bus zurück. Sie sind in den letzten Stunden nicht beaufsichtigt worden. Viele von ihnen sind total betrunken. Sie weigern sich zunächst, ihre Unterkünfte zu beziehen, schimpfen auf ihre Vorgesetzten, viele von ihnen wären gerne im Munitionslager geblieben. Es geht gerade noch an tätlichen Angriffen auf den OvD vorbei. Der Regimentskommandeur muß selbst eingreifen. Mit Mühe, vor einer Schar meist betrunkener Soldaten stehend, unterstützt nur durch wenige Vernünftige, die ihn von seinem Besuch im Lager kennen und schätzen, schafft er es, die Soldaten in ihre Unterkünfte zu bringen. Am nächsten Tag wird ein »West-Chef« eingesetzt. Die Soldaten werden einige Tage nach Hause geschickt, danach wird der Chef versuchen, eine halbwegs disziplinierte Einheit aufzubauen mit viel Dialog und Strenge, wo nötig. Aber es ist nicht in vollem Umfang gelungen, die Soldaten für die Bundeswehr zu gewinnen. Es ist zu spät und zu viel ist schiefgegangen.

Wir gehen durch eine Kaserne. Es gilt Grußpflicht. Aber nur wenige Soldaten grüßen. Die Anzugsordnung ist schlecht. Man sieht von weitem, ob man einen »West«- oder »Ost«-Soldaten vor sich hat. Das Bild bessert sich nur langsam. Anfang des Jahres schreibe ich einen Brief an die Kommandeure, obwohl ich weiß, daß sich alle große Mühe geben, um uns einen Schritt nach vorne zu reißen.

Die anfangs beschriebene Fahrt durch die Munitionslager führt durch fünf verschiedene Wachlokale. Erstmals gibt es auch einen Grund, aufzuatmen. Die Streifen gehen, sich gegenseitig sichernd, wie befohlen. Die Wachvorgesetzten kennen ihren Auftrag. Die meisten Fernmeldeverbindungen stehen tatsächlich. Die Wachanweisungen sind auf neuestem Stand, die Wachlokale wenigstens sauber. Einige sind dank eigener Initiative neu gestrichen und machen einen freundlicheren Eindruck. Die formale Disziplin ist besser geworden. Erleichtert fahre ich nach Hause.

Anfang des Jahres 1991 nimmt auch die Zahl der Wachvergehen ab. Es gab in den ersten 14 Tagen mehr als in meiner alten Brigade in einem Jahr. Vertiefte Ausbildung allein genügte nicht. Es half nichts. Nach Belehrungen, Ermahnungen, Zurechtweisungen und Warnungen mußten auch Disziplinarmaßnahmen ausgesprochen werden. Erfolg bringt schließlich die Mischung von Dialog, Ausbildung und konsequentem Einschreiten bei Wachvergehen.

Disziplin zeigt sich nicht nur durch die korrekte Ausführung von Aufträgen, sondern mehr noch im Mitdenken und selbständigem Handeln im Sinne des Auftrages. So meldet sich Ende des Jahres ein Offizier, der auf eigenen Wunsch entlassen wird, zu einem Abschlußgespräch. Er war nach dem 3. Oktober 1990 als Führungshilfe G 3 eingesetzt worden. Vorher war er Stellvertreter des Kommandeurs für Ausbildung. Er hatte seine schwierige Aufgabe insgesamt gut gelöst. Sein größtes Problem war, wie er meldet, seine eigenen Aufträge in ihrer vollen Breite zu erkennen und selbstständig in konkretes Handeln umzusetzen. Er hat es geschafft. Aber es gibt viele, die es, jedenfalls in den ersten Wochen, noch nicht einmal versuchen.

Am 2. Januar 1991 komme ich in eine Ausbildungskompanie. Es ist 19.00 Uhr und der erste Tag für fast 400 junge Soldaten, die heute ihren Dienst antreten. Der Kompaniechef ist als Offizier vom Wachdienst eingeteilt. Er ist nicht in der Kompanie. Es ist letztlich überhaupt kein Vorgesetzter zu finden. Die jungen Soldaten sind sich selbst überlassen. In vielen Stuben stehen die mitgebrachten Schnapsflaschen auf dem Tisch. Es gibt eine Fülle von Fragen, aber niemand ist hier, sie zu beantworten. Es gibt eine Fülle von Problemen, aber niemanden, der sie lösen kann, es gibt eine Menge guten Willens, aber niemanden, ihn zu nutzen, es gibt an diesem ersten Abend eine große Chance, schon jetzt mit der Teambildung anzufangen, aber niemanden, der diese Chance erkennen oder nutzen will. Die Vorgesetzten sind um 16.55 Uhr, diese Zeit wird mir genau genannt, nach Hause gegangen.

Es gibt seltene andere Beispiele. In einer anderen Ausbildungskompanie hat sich ein Kompaniechef gute Gedanken gemacht. Er hat erarbeitet, welche Dinge in jeder Gruppe, immer wenn neben den organisatorischen Dingen wie Einkleidung und Untersuchung Zeit ist, in den ersten Tagen gemacht werden müssen. Er gibt seinen Gruppenführern gute Hilfen. Hier klappt es auch am ersten Abend. Aber wir werden noch einen weiten Weg zu gehen haben.

Spezialgrundausbildung in einer Batterie des Artillerieregiments. Geschütze stehen noch nicht zur Verfügung, die

Soldaten sollen als Jäger ausgebildet werden. Nur ein Zug ist unter der Führung eines jungen Unteroffiziers im Gelände. Der Batteriechef bespricht mit einem Leutnant die Ausbildungsplanung. Wir sehen schlechtes Indianerspiel. Soldaten bewegen sich ohne jede Gefechtsausrüstung im Gelände. Ohne Waffe wird Stellung befohlen. Der Führer kann seine 13 Soldaten nicht übersehen. Mit dem guten Willen der Soldaten, die sich, Vorgesetzte im Blick, sogar außerordentliche Mühe geben, wird Schindluder getrieben.

Es ist schwer, vom Befehlsmuster, das wenig Spielraum für eigene Initative ließ, in ein System zu kommen, das diese Initiative will und herausfordert. Wir suchen nach Erklärungen. Wir kennen die NVA vom Fernsehen in blitzenden Stiefeln und Stechschritt. Die Aufgabe, Disziplin herzustellen, überrascht uns. Wir hatten damit nicht gerechnet. Disziplin schien uns eine besondere Stärke der NVA gewesen zu sein.

Ich bitte einige wehrpflichtige Soldaten, die einen Monat vor der Entlassung stehen, zum Gespräch. Sie haben elf Monate in der NVA gedient. Sie sind im November 1989, wenige Tage vor der Maueröffnung eingezogen worden. Sie haben in einer Armee gedient, deren Selbstbewußtsein mit einem Mal einen nicht mehr gutzumachenden Schlag erlitten hat. Sie erzählen von den letzten Tagen des EK-Systems, von Reduzierungen des Bereitschaftsdienstes, von Diskussionen mit Offizieren, von Gehorsamsverweigerung und von waghalsigen Wendemanövern. Wachdienst hieß zu der Zeit Fernsehen; ein Soldat hatte, diese Feststellung gilt seit November 1989 in unterschiedlichem Maße, seine Pflicht schon allein dadurch erfüllt, daß er überhaupt da war. Zwei Jahrgänge waren gemeinsam entlassen worden. Jeder Soldat hatte aufgrund einer einfachen Erklärung der Verweigerung Anspruch auf sofortige Entlassung.

Die Armee hatte keine klare Führung mehr. Ich habe keinen einzigen Soldaten getroffen, der Verteidigungsminister Eppelmann auch nur im entferntesten akzeptiert hätte. Ich habe aber auch kaum einen wehrpflichtigen Soldaten aus diesem Jahrgang getroffen, der seinen aus der NVA stammenden Vorgesetzten akzeptiert hat. Verständlicherweise stand auch bei vielen Berufssoldaten die Frage nach ihrer persönlichen Zukunft im Vordergrund. Was war die Ausbildung noch wert, die man gerade an der Offiziershochschule absolviert hatte? Würde es nicht eine riesige Entlassungswelle geben? Was war das Versprechen von der fairen Chance wert? Demokratie, bisher nicht bekannt, äußerte sich in der Armee zunächst in Unsicherheit. Unvorbereitet standen sie jungen Soldaten gegenüber, die Rechte einforderten, die in der Bundeswehr normal waren, mit ihrem bisherigen Berufsverständnis aber nicht in Einklang zu bringen waren.

Im Mot-Schützenregiment verweigerten Soldaten die Teilnahme an einer Übung, sie erschienen vor dem Regimentsstab, forderten und erhielten eine Aussprache mit dem Regimentskommandeur. Eine Abordnung fährt nach Strausberg, um dort die Forderungen der Mannschaftsdienstgrade vorzutragen. Es gibt beeindruckende Zeugnisse von demokratischer Reife in diesen Gesprächen, es gibt Zeugnisse schneller Wendung von Vorgesetzten, die so erst recht die Achtung ihrer Untergebenen verlieren. Es ist daher fast schon erstaunlich und als große Leistung zu bewerten, daß es gelungen ist, die Division in führungsfähigem Zustand zu übergeben.

Ein anderer Gesichtspunkt erscheint wichtig. Das alte EK-System, mit dem die Disziplin ohne große Mühe unter Abstützung auf die Unterdrückungsmechanismen der Mannschaften untereinander erhalten werden konnte, funktioniert nicht mehr. Es ist nicht offiziell aufgegeben worden, genauso wie es niemals offiziell eingeführt worden war. Aber es läuft nicht mehr, die Soldaten lassen es in der Regel nicht mehr zu. Das neuerwachte Selbstbewußtsein der Soldaten, die Unsicherheit der Vorgesetzten, das Problem, glaubhaft einen anderen als den gewohnten Führungsstil anzuwenden, die mangelnde Glaubwürdigkeit, die Orientierungslosigkeit bewirken gemeinsam einen Verfall der Disziplin. Die Grundfesten der NVA waren in ganz kurzer Zeit zerbrochen, schon Ende 1989 gab es die ehemals disziplinierte Truppe nicht mehr. Eine leichte Stabilisierung im Herbst kann dieses Urteil nicht mehr ändern.

Dies war die Lage, auf die die neue, aus der Bundeswehr »West« kommende Führung stieß. Sie mußte damit fertig werden und, für sie überraschend, zunächst einmal der Meinung entgegenwirken, daß nun alles noch lockerer und undisziplinierter würde. (Siehe dazu Anhang, S. 195 ff., Kommandeurbriefe).

Ausbildung

Oberstleutnant i.G. Meyers

Am 3.10.1990 fanden wir in der 9. Panzerdivision Wehrpflichtige aus drei Einstellungs»tertialen« vor. Während die Soldaten mit Dienstantritt Januar und Mai 1990 nur noch im notwendigen Maße in Innerer Führung, Recht und Wachdienst ausgebildet wurden, war für die Einstellung September 1990 eine Allgemeine Grundausbildung nach Bundeswehrkriterien vorgesehen. Die Soldaten hatten also schon einen Monat nach NVA-Regeln Ausbildung genossen: nun sollte Bundeswehrausbildung hinzukommen. Dazu waren jedoch die Offiziere und Unteroffiziere der ehemaligen NVA kaum in der Lage; schließlich kannten sie ja nur die NVA.

In der 9. Panzerdivision wurden daher zehn Kompanien für die Allgemeine Grundausbildung für 940 Soldaten aufgestellt. Jeder Kompanie wurden je ein Hauptmann und zwei Hauptfeldwebel aus dem Westen als »Ausbildungsunterstützungsteam« zukommandiert. Deren Aufgabe sollte die fachkundige Anleitung und Unterstützung der Offiziere und Unteroffiziere der ehemaligen NVA sein. Doch obwohl man sich bemühte, die besten Dienstgrade der »alten« 9. Panzerdivision als Ausbilder einzusetzen, zeigte sich bald, daß die Unterstützung aus dem Westen viel massiver sein mußte. Dabei spielte sowohl das stark gebrochene Selbstbewußtsein der Ausbilder eine Rolle, als auch die Überforderung durch die Notwendigkeit, an einem Tag selbst aus Bundeswehrvorschriften zu lernen und das Erlernte am nächsten Tag an die jungen Soldaten weiterzuvermitteln. Das Fehl an Vorschriften verschärfte die Probleme. So wurde schon bald eine deutliche Verstärkung der Ausbildungsteams, insbesondere mit Gruppenführern, durch unsere »Couleur«-Division, der 3. Panzerdivision aus Buxtehude, veranlaßt. Doch auch das war nicht unproblematisch: Der unterstützende Gruppenführer aus dem Westen war ein junger, nach Bundeswehrkriterien gut ausgebildeter Unteroffizier, der nun einen Leutnant oder Oberleutnant, der erst kürzlich von der Offiziershochschule der NVA gekommen war, anlernen mußte. Unteroffiziere der ehemaligen NVA waren meist gar nicht als Ausbilder in der Allgemeinen Grundausbildung einsetzbar. Sie hatten in der Regel keine Ausbildung zum Ausbilder und noch weniger zum Führer einer Teileinheit erhalten.

Der gute Wille aber war bei fast allen vorhanden. Wenn auch nicht immer problemlos, wurden doch nach und nach bessere Ausbildungserfolge erzielt. Die jungen Wehrpflichtigen traten zunächst geradezu »renitent« auf. Ihre NVA-Vorausbildung im September machte sich sehr negativ bemerkbar. Die Bereitschaft, sich ehemaligen NVA-Dienstgraden unterzuordnen, war äußerst gering, ihre Disziplin konnte nur mit Strenge wiederhergestellt werden. Ungünstig war auch, daß erfahrene Kompaniefeldwebel und Kompanietruppführer in den Ausbildungskompanien fehlten. Dadurch mußten die selbst noch lernenden Ausbilder zusätzlich für Aufgaben der Organisation und des Innendienstes eingesetzt werden.

Trotz vielfältiger Schwierigkeiten und Probleme konnte die erste Allgemeine Grundausbildung halbwegs zufriedenstellend abgeschlossen werden. Bei der Rekrutenprüfung Ende Dezember erreichten fast alle Soldaten die Zuerkennung der Qualifikation als »Sicherungssoldat«. In den nachfolgenden Quartalen wurde die Allgemeine Grundausbildung teilweise in den alten Bundesländern, teilweise in den neuen Bundesländern durchgeführt. Eine stetige Verbesserung des Ausbildungserfolges war zu verzeichnen. Nach nicht einmal einem Jahr erreichte die Qualität der Allgemeinen Grundausbildung durchaus Bundeswehrniveau (West).

Die Ausbildung der Offiziere und Unteroffiziere, die nicht in Allgemeine-Grundausbildungs-Einheiten waren, kam jedoch zu kurz. Selbst einfachste Kenntnisse etwa in der Formalausbildung wurden nicht vermittelt, weil oft weder Zeit noch ausgebildetes Personal zur Verfügung standen. Insbesondere im Stab und in der Stabskompanie der Brigade waren noch lange Mängel zu verzeichnen. Erst mit der Zuversetzung von Kompaniefeldwebel und weiteren Unteroffizieren aus dem Westen konnte auch hier West-Standard nach und nach erreicht werden.

Für die Spezialgrundausbildung fehlten uns zunächst alle Voraussetzungen: Waffen und Gerät, ausgebildetes Personal, ausreichend Vorschriften. Deshalb wurde zunächst unabhängig von der Truppengattungszugehörigkeit zum »Jäger« ausgebildet. Auch dieses war nur mit massiver Ausbildungsunterstützung durch die 3. Panzerdivision möglich. Die Ausbilder waren ebenso wie die Rekruten über die Jäger-Ausbildung nicht glücklich: man wollte Panzerschütze, Artillerist, Grenadier sein. Man wollte Stolz auf die eigene Truppengattung entwickeln; ohne Ausrüstung ist das jedoch nicht möglich. Deshalb wurden einige Soldaten im Westen spezialgrundausgebildet. Somit standen bei Anlieferung der ersten 13 Kampfpanzer Leopard 1 A5 an diesem Waffensystem ausgebildete Soldaten zur Verfügung, um sie zu übernehmen. Dieses war die erste Kompanie der Heimatschutzbrigade 41, die nahezu Bundeswehrnormalität erlebte. Die Soldaten bezogen ein renoviertes Unterkunftsgebäude mit akzeptablem

Mobiliar, hatten eine Regelausbildung hinter ich und waren die erste Einheit der »Ost-Bundeswehr«, die zum Schießen nach Shilo/Kanada ging, wo sie respektable Schießergebnisse erzielten.

Die Tatsache, daß Teile unserer Rekruten zur Allgemeinen Grundausbildung in den Westen einberufen waren, sah die Führung der 9. Panzerdivision zunächst mit Skepsis. Wir befürchteten, daß diese jungen Männer einen »Infrastrukturschock« erleiden würden. Doch da hatten wir die »Leidensfähigkeit« eines gelernten DDR-Bürgers unterschätzt. Innerhalb der Bundeswehr war übrigens auch von einem »Kulturschock« für diejenigen Soldaten, die in Standorte wie Eggesin versetzt wurden, geredet worden. Das war jedoch falsch! Das kulturelle Angebot in Eggesin entsprach und entspricht dem anderer Einödstandorte auch im Westen. Das kulturelle Niveau der Bürger hier sollte auch nicht unterschätzt werden. Mancher »Elendstourist«, der mit extrem negativen Erwartungen ins Land der drei Meere kam, war dann auch erstaunt, wie gern viele Soldaten hier sind. Andererseits wurden nach Eggesin sehr viele Soldaten einberufen, die von sehr weit her kamen. Bei den infrastrukturellen Gegebenheiten im Osten Deutschlands sind 100 km schon nicht mehr »heimatnah«. Unsere Soldaten haben oft 300 und 400 km zu überbrücken. Damit waren sie ganz und gar nicht einverstanden, und sie haben recht damit: Bei besserer Planung wäre dies vermeidbar gewesen.

Die als Soldat auf Zeit für zwei Jahre von der NVA übernommenen Offiziere und Unteroffiziere brachten von der Ausbildung und Qualifikation her meist nur wenig Voraussetzungen mit, ihrem Dienstgrad nach Bundeswehrmaßstäben gerecht zu werden. Ihre Tätigkeit war meist sehr eng und speziell angelegt, oft aber mit wesentlich höheren Dienstgraden verbunden als dies bei vergleichbaren Tätigkeiten in der Bundeswehr der Fall ist. Es war also nicht Schuld der Männer, daß sie das, was sie tun sollten, nicht konnten, sie hatten es nicht gelernt. Um Abhilfe zu schaffen, wurde unter der Bezeichnung Ergänzungsausbildung ein dreistufiges Ausbildungsprogramm geschaffen. Es enthält im wesentlichen einen Ausbildungsabschnitt an einer Offizier- oder Unteroffizierschule, in dem sie auf das Führerniveau gebracht werden, das ihrem Dienstgrad entspricht. Ein nächster Ausbildungsabschnitt an einer Truppenschule vermittelt die Tätigkeiten, die die Soldaten in ihrem Dienstposten durchführen sollen. Im dritten Abschnitt vertiefen sie diese Kenntnisse in einer Ausbildung am Arbeitsplatz beim Couleurtruppenteil. Dieses Ausbildungsmodell funktioniert trotz erheblicher Schwierigkeiten recht gut. Natürlich gab es Kapazitätsprobleme an den Ausbildungseinrichtungen im Westen und natürlich wurde der Reisekostenetat der Brigade völlig überstrapaziert. Umplanungen waren unvermeidbar, wußte man doch oft noch nicht, welchen Dienstposten der Mann bekleiden sollte. Hier wurde von Schulen und Couleurtruppenteilen eine große Leistung erbracht.

Wenn auch fast alles in der NVA anders als in der Bundeswehr war, so gab es doch auch Vergleichbarkeiten. Warum ein Pionieroffizier, der in der NVA schon x-mal Sprengungen durchgeführt hat, nicht einfach nach einer kurzen Umschulung die entsprechenden Tätigkeitsnachweise der Bundeswehr bekommen konnte, ist schwer verständlich. Auch die Offiziere der ABC-Abwehr, die meist über ausgezeichnetes Fachwissen verfügten, mußten mühsam die Nachweise als ABC-Abwehrsoldat, -unteroffizier, -feldwebel und -offizier erbringen. Man hätte zu einigen Verwendungen einen Vergleichskatalog schaffen sollen. Zugegeben werden muß aber, daß starre bürokratische Denkweisen nach und nach aufgegeben wurden.

Ein weiterer Mangel lag in der Vernachlässigung der Ausbildung der Stabsoffiziere. Für sie war zunächst nur ein zweiwöchiger Innere-Führung-Lehrgang und ggf. eine Ausbildung am Arbeitsplatz vorgesehen. Die wenigen Stabsoffiziere wurden jedoch in Schlüsselstellungen wie S 3 Btl. eingesetzt.

Ohne eine gründliche und tiefe Ausbildung waren sie dann auf diesen Posten meist völlig überfordert.

Insgesamt muß aber gesagt werden, daß in nur einem Jahr natürlich nicht all das vermittelt und gelernt werden konnte, was andere in der Bundeswehr in vielen Jahren erlernt haben. Aber es wurden doch sehr erhebliche Erfolge erzielt.

Erlebnisse der Dienstaufsicht

Brigadegeneral von Kirchbach

Schnell zur Normalität kommen, darum muß es uns gehen. In der Ausbildung heißt dies zunächst einmal, die Grundausbildung so gut wie irgend möglich durchzuführen.

In zehn Ausbildungskompanien sind die Soldaten der Einstellung September 1990, die noch eine vierwöchige Grundausbildung der NVA mitgemacht hatten, zur Grundausbildung nach den Grundsätzen der Bundeswehr zusammengefaßt. Die Kompanien werden von Soldaten geführt, die aus der NVA stammen und verfügen über aus der Bundeswehr (West) kommende Unterstützungsteams. Dies funktioniert in der Regel, Pannen nicht ausgeschlossen.

»Sie sollten sich einigen«, sagt ein Rekrut, »erst sagt der eine Ausbilder, es geht so, dann kommt der andere und behauptet das Gegenteil«. Es ist schwer für die aus der NVA kommenden Soldaten, sich gegen die »Westkonkurrenz« zu behaupten. Häufig führt doch der nur zur Unterstützung eingeteilte Chef aus dem Westen.

Die Waffen- und Schießausbildung gefällt mir in der Regel. Auf dem Schießplatz sehe ich Offiziere, die in unendlich sorgfältiger Kleinarbeit ihre Soldaten anleiten und zu sehr guten Schießergebnissen führen. Aber die Gleichgültigkeit macht sich auch in der Ausbildung nachteilig bemerkbar. So stöbere ich im Wald Soldaten des Pionierbataillons auf, die in »bestem Umweltbewußtsein« Schutt, der beim Aufräumen eines Munitionslagers übrig geblieben war, im Wald vergraben. Ähnliche Erlebnisse gibt es in großer Vielzahl. Bei einer Kompanie des Panzergrenadierbataillons erlebe ich eine Waffenausbildung ohne Waffen. In derselben Kompanie macht ein anderer Zug Formalausbildung, fast 30 Soldaten, geführt von einem Unteroffizier, der keine Ahnung hat. Nicht selten ist von einer im Dienstplan vorgesehenen Ausbildung überhaupt nichts zu sehen – und die Gründe sind meist alles andere als überzeugend.

In einer Kompanie möchte ich an einer Diskussion der Unterführer über Erfolge und Probleme bei der Vereinigung der deutschen Staaten teilnehmen. Die Unterführer sind fast zwei Tage in Altwarp. Sie machen Sport, nutzen die Sauna. Der Morgen soll mit besagter Diskussion den Höhepunkt der Ausbildung in Altwarp bilden. Genau diese Ausbildung fällt aus.

Es fällt sehr schwer, Soldaten nach der Grundausbildung für irgendeine Art von Ausbildung zu motivieren. Sie sind Fahrer, aber wir haben viel zu wenige Fahrzeuge. Sie sind Panzersoldaten, aber wir bilden nicht am Panzer aus. Sie sind Artilleristen, aber sie haben noch kein Geschütz gesehen. Monatelang fehlt es an Manövermunition für die AK 74 (Schnellfeuergewehr Kalaschnikow). Nein, es ist wirklich nicht einfach.

Es gibt jedoch auch Erfolgserlebnisse, im Laufe der Zeit sogar in zunehmender Zahl. Ich besuche Soldaten des Pionierbataillons bei einem Seminar zur politischen Bildung. Sie waren beim Abbau der Berliner Mauer eingesetzt und hatten 23 km Mauer abgebaut. Nachdem ich dem Unterricht eine Weile zugehört habe, lasse ich die Soldaten reden. Und sie tun es, sie sind kaum zu bremsen. Einer läuft weg, holt Fotos, die er mir unbedingt zeigen muß. Der Abbau der Mauer war politische Bildung vor Ort, wie sie besser nicht sein konnte. Eine Gruppe Soldaten verschiedenster Dienstgrade kommt aus

Bonn zurück. Die Abgeordnete des Bundestages für unseren Wahlkreis hat die Fahrt für Bürger und Soldaten ermöglicht. Die Soldaten sind begeistert. Sie erzählen von Bonn, vom Bundestag, von Gesprächen mit Abgeordneten, vom Besuch im Verteidigungsministerium. Nicht alle zivilen Teilnehmer waren begeistert, daß auch Offiziere der Bundeswehr, die aus der ehemaligen NVA kommen, an der Reise teilgenommen haben. Die Gelegenheit aber, den demokratischen Prozeß an Ort und Stelle zu erleben, ist unschätzbar und wird akzeptiert.

Die ersten Panzer Leopard 1 A5 kommen. So kann in einer Panzerkompanie, deren Ausbilder im Westen ausgebildet wurden und deren Soldaten die Grundausbildung im Westen absolviert hatten, die Spezialgrundausbildung beginnen. Schon frühzeitig wird in Jägerbrück wieder mit Panzern geschossen. Ich sehe dieses Schießen, eine einfache Gefechtsschießübung. Es ist ein Schießen, wie es sein muß. Ein ruhiger Kompaniechef bildet solide die Besatzungen aus. Ein souveräner Kommandeur schult den Kompaniechef. Im September geht diese Kompanie nach Shilo/Kanada. Ich habe ein gutes Gefühl.

Wir haben uns gemeldet, mit einer Mannschaft an den 75. Vier-Tage-Märschen in Nijmegen teilzunehmen. Die Mannschaft wird in einer Batterie unseres Artilleriebataillons ausgebildet und trainiert. Sie besteht ausschließlich aus Freiwilligen, die fast aus allen Truppenteilen der Brigade kommen. Mein ehemaliger Adjutant, der mittlerweile Chef dieser Batterie und Berufssoldat ist, ist Mannschaftsführer. Nicht alles läuft glatt. Wir haben früh mit dem Training begonnen, vielleicht zu früh. So kommt es beim zentralen Training der Bundeswehrmannschaften in Ehra-Lessien zu Problemen. Die Begeisterung läßt viel zu wünschen übrig. Die Soldaten haben das Marschieren satt. Sie hoffen, daß der Marsch endlich kommt. Ich mache einen Trainingsmarsch mit. Ein Leutnant steigt aus, meines Erachtens zu früh. Ich spreche mit ihm. Er sagt mir: »Machen Sie sich keine Sorgen. Den Marsch halte ich auf jeden Fall durch.« Später erinnere ich mich an sein Versprechen. Er hält Wort und gewinnt in Nijmegen deutlich an Konturen und Souveränität. – Ende gut, alles gut. Die Mannschaft beginnt den großen Marsch in gutem Zustand. Sie macht unter Hunderten von Militärmannschaften ein gutes Bild und hinterläßt einen ausgezeichneten Eindruck. Wir machen Werbung: In Vorpommern für die Bundeswehr und in den Niederlanden für Vorpommern. Die Fahne Vorpommerns, vom Kreistag Ückermünde gestiftet, weht über der Mannschaft in Nijmegen, 160 km über Asphalt und Kopfsteinpflaster.

Überraschende Dienstaufsicht bei einer Panzergrenadierkompanie. Häuserkampf steht auf dem Dienstplan, ein anspruchsvolles Thema. Der Chef meldet. Ich kenne und schätze ihn von der Kompaniecheftagung. Mir bietet sich ein tolles Bild. Ich stoße mitten in eine Lehrvorführung, die die Ausbilder der Kompanie für die Mannschaften durchführen. Sie ist bis aufs Kleinste sorgfältig vorbereitet. Annäherung, Deckung, Einbruch, Kampf von Zimmer zu Zimmer, so etwas habe ich hier noch nicht gesehen. Was folgt, ist keinen Deut schlechter. Die Mannschaften nehmen an einer Stationsausbildung teil, an der die einzelnen Phasen geübt werden. Die Soldaten sind mit Feuereifer bei der Sache. Damit wäre ich auch im Westen ungemein zufrieden gewesen. So kann es weitergehen. Auch diese Kompanie hat einen Truppenübungsplatzaufenthalt vor sich. Sie wird nach Hammelburg gehen, um Häuserkampf zu üben. Sie ist gut gerüstet.

Es ist uns gelungen, im Zuge der Feierlichkeiten zum Jahrestag der Deutschen Einheit den Altbundespräsidenten, Prof. Dr. Karl Carstens, zu einem Vortrag in Eggesin zu gewinnen. Ich freue mich darüber. Aber der Vortrag ist Freitagabend, die Veranstaltung ist eine Pflichtveranstaltung für Offiziere und Unteroffiziere. Die Freude ist bei weitem nicht ungeteilt. Ob es notwendig sei, daß Soldaten Staffage stellten, wenn der Altbundespräsident nach Vorpommern kommen wolle, werde ich gefragt. Der Kommandeur des Artilleriebataillons erlebt ähnliches. Alle Kommandeure werden noch einmal tätig. Sie erläutern, worum es geht. Wir wollen, daß unsere Soldaten sich mit neuen Informationen befassen, die ihnen über Jahre ferngehalten wurden. Wir wollen sie mit Repräsentanten unseres Staats zusammenbringen. Auf diese Weise wollen wir helfen, eine neue Orientierung zu finden, nachdem das jahrelang geglaubte und erlebte Weltbild in sich zusammengebrochen ist.

Wir haben einen Empfang vorbereitet, an dem alle 550 Soldaten und zivilen Gäste teilnehmen können. Ich weise darauf hin. Die erste Antwort, die ich höre, ist: »Es werden ja doch fast alle heimgehen.« Die aus der Antwort sprechende Haltung stört mich. Dann ist der Abend da. Der Rahmen stimmt. Fahnen, Musik, Gäste, Beifall für den hohen Gast. Professor Carstens hält einen großartigen Vortrag. In einfacher Sprache stellt er die Einigung in den Gesamtzusammenhang der deutschen Geschichte. Er beschreibt die Probleme, die sich nach einem Jahr abzeichnen und stellt Gemeinsamkeiten dar, die stärker sein sollten als alle Probleme. Der Beifall am Ende und die stehende Ehrung des Gastes sind herzlich und ehrlich. Die Kritiken sind gut. Der Empfang ist gut besucht. Die Stimmung ist gut. Der richtige Weg ist beschritten, aber das Ziel ist noch weit.

Ein Tag in Eggesin

Brigadegeneral von Kirchbach

13./14. Februar 1991

Ein Brigadekommandeur aus dem Westen ruft an. Er will einige Eindrücke wiedergeben, die er in Gesprächen mit Teilnehmern an einem Truppenkommando aus meinem Bereich gewonnen hat. Er berichtet: Die Lehrgangsteilnehmer äußern große Unzufriedenheit mit der Menschenführung, die sie in bestimmten Bereichen in der 9. Panzerdivision erleben. Sie sagen, daß sie nicht in Übereinstimmung bringen können, was im Westen gelehrt und im Osten getan wird. Namen werden genannt. Ich spreche mit dem Regimentskommandeur. Er erklärt mir seine Bemühungen um Disziplin und auch die Bemühungen der genannten Vorgesetzten. Wo ist die Wahrheit, ich weiß es nicht. Tatsachen fehlen, ich werde dem Bereich besondere Beachtung schenken.

Ein Bataillonskommandeur hat sich mit einem Leiter einer Unterstützungsgruppe angemeldet. Ich muß einige Gerüchte zur Sprache bringen, die kolportiert werden. Der Hauptmann berichtet von angeblichen Vorkommnissen in einer Ausbildungskompanie. Soldaten mit Leutnantschulterklappen sollen Rekruten geweckt, beschäftigt und schikaniert haben. EK-System alter Art, soll es wirklich wahr sein? Ich glaube nicht, daß es sich nur um Gerüchte handelt. Es ist nicht sofort aufzuklären. Weiß der zuständige Kommandeur davon? Ich werde der Sache nachgehen. Gerüchte gehen um, daß Dienstfahrzeuge für Fahrten nach Berlin und Frankfurt/Oder mißbraucht werden. Auch diese Gerüchte werde ich prüfen müssen.

Der G 1 kommt wenige Minuten später; er meldet mir, daß er gerade aus einer Ausbildungskompanie sechs Anträge auf Kriegsdienstverweigerung bekommen hat. Diese Ausbildungskompanie hatte ich wenige Tage vorher besucht. Mir war nichts besonderes aufgefallen. Die Soldaten waren sehr aufgeschlossen und hatten verhältnismäßig wenig Beschwerden. Ich fahre, begleitet von meinem Ordonnanzoffizier, hin, lasse die Antragsteller im Chefzimmer zusammenrufen. Vielleicht sagen sie mir etwas über ihre Motive. Sie wohnen in der schlechtesten Garnison meines Befehlsbereiches.

Sie erzählen sehr offen. Der Golfkrieg habe einen der Soldaten davon überzeugt, daß er verweigern müsse. Ich erzähle ihnen vom Grundgesetz, vom Sonderstatus der Soldaten des Bundeswehrkommando Ost, sie hören zu. Die anderen Soldaten haben Gründe, die alle im persönlichen Bereich liegen. Ein junger Rekrut erzählt von einem kleinen Bauernhof; sein Vater habe Schwierigkeiten, diesen zu bewirtschaften. Ein anderer fürchtet um seine Arbeitsstelle. Zwei Soldaten erzählen, sie seien wenige Tage vor der Einberufung beim KWEA gewesen, um ihren Antrag auf Kriegsdienstverweigerung geltend zu machen und abgewiesen worden. Sie seien an die Truppe verwiesen worden. Alle Soldaten fragen mich, ob es eigentlich richtig sei, daß sie ihre Einberufungsbescheide erst 9 bis 14 Tage vor Dienstantritt erhalten hätten.

Ich rede ruhig mit den Soldaten, erläutere, was eigentlich Gewissensgründe sind, was es mit dem Ersatzdienst auf sich hat und daß es genügend Möglichkeiten gibt, bei persönlichen Schwierigkeiten zu helfen. Ich versuche, deutlich zu machen, daß bislang noch kein Bundeswehrsoldat seine Waffe zur Abwehr eines bewaffneten Angriffs von außerhalb gebrauchen mußte, daß dies eigentlich doch ein großer Erfolg sei. Ich glaube, meine Bemühungen sind nicht ganz ohne Erfolg, obwohl ich nicht versuche, die Soldaten von ihrem Entschluß abzubringen. Mein Begleiter ist nicht zufrieden, ich hätte klarer sein sollen, meint er, offen seine Meinung sagend, wie ich es auch erwarte. Aber noch in derselben Stunde nimmt ein Soldat seinen Antrag zurück, ich habe den Eindruck, als seien auch andere zum Überlegen gekommen. Vielleicht hatte ich doch recht.

Herr Hecker, ein Mitglied des DGB-Bundesvorstandes und des Beirates Innere Führung, selbst Reserveoffizier, verabschiedet sich. Er war einen Tag im Bereich der 9. Panzerdivision gewesen, hatte in Drögeheide Unterkünfte besichtigt, mit Soldaten und Personalräten gesprochen. Er ist erschüttert. Er hat die schlechtesten Unterkünfte gesehen. Er will tätig werden. Ich überlege, ob unser Programm richtig war. Die vielen Zeichen der Hoffnung haben wir ihm nicht gezeigt. So hat er nur die schlimmsten Dinge gesehen, berichtet sicher nur einen Teil des Bildes. Ich erläutere ihm, daß die Sache komplex ist, lasse ihm vor der Abreise noch einige bessere Unterkünfte zeigen und eine bereits laufende Spülmaschine in Eggesin. Die Überlegungen gehen aber auch in eine andere Richtung. Sind wir bereits betriebsblind geworden? Finden wir uns auch dort mit den Umständen ab, wo wir sie ändern können? Ein neuer Anlauf im Langstreckenrennen ist sicher notwendig. Dieser Punkt wird in den nächsten Kommandeurbesprechungen behandelt werden.

Der Kommandeur Divisionstruppen, auch mit der Koordination aller Angelegenheiten der Infrastruktur beauftragt, meldet das Ergebnis einer Besprechung zur Festlegung der Prioritäten. Fast 20 Millionen Mark können wir zunächst ausgeben. Hoffentlich scheitert diese Sache nicht an Bürokratie und an zu wenig leistungsfähigen Firmen.

Es ist 17.30 Uhr, noch einmal kommt der G 4 als Vertreter des Chefs des Stabes. Er informiert über eine bevorstehende Befehlshabertagung und deren Programm. Ich gebe einige Anweisungen zur Vorbereitung. Danach führe ich ein langes Gespräch mit dem Befehlshaber. Ich bitte ihn, sich dafür einzusetzen, daß endlich die Entscheidungen über die Zuversetzung von West-Personal unterhalb der Kommandeurebene fallen, so daß eine Überlappung gewährleitstet ist. Mehr und mehr befürchte ich, daß die zuversetzten Kommandeure am 1. April 1991 plötzlich auf sich allein gestellt sind. Der Befehlshaber ist schon tätig geworden. Er teilt meine Befürchtung. Ich erhalte auch einen Auftrag von ihm; ich soll mir Gedanken über eine Übergangsregelung für die Ausbildung von Unteroffizieren im Bundeswehrkommando Ost machen.

Es ist 18.00 Uhr. Ich muß dringend gehen. Ich bin in Ahlbeck bei einer Lehrerin verabredet. Einige Jugendliche haben Interesse an der Pfadfinderei. Ich treffe zwei Jungen und zwei Mädchen im Alter von 14/15 Jahren. Sie erscheinen begeistert. Sie wissen noch weitere Interessenten. Der Abend macht große Freude. Um 20.30 Uhr bin ich in meinem Bungalow.

Stasi und Politoffiziere

Oberstleutnant i.G. Meyers

Das System der SED hatte auch bei der 9. Panzerdivision Altlasten hinterlassen. Im Zusammenhang mit Menschen jedoch spreche ich nicht gern von »Alt-Lasten«; Belastungen ist richtiger. So war die NVA – wie alle gesellschaftlichen Bereiche – auf zweifache Weise von der Stasi umklammert. Es gab eine offizielle Vermaschung sowie die inoffizielle. Am Beispiel der 9. Panzerdivision sei zunächst der offizielle Bereich geschildert.

Schon im Vorkommando war mir vom Stabschef berichtet worden, es gebe keinen offiziellen Stasi-Zweig mehr, das Personal sei entlassen. Übergabeprotokolle wurden mir vorgelegt. Und richtig, die »Verwaltung 2000«, wie die Teile der Hauptabteilung 1 des Ministeriums für Staatssicherheit innerhalb der Grenztruppen und der NVA genannt wurden, war Anfang 1990 zusammen mit dem MfS aufgelöst worden. Die Akten waren abtransportiert worden, zum Militärbezirk V vermutlich. Technik und Gerät waren übergeben, das Personal entlassen. Die Verwaltung 2000 hatte beim Divisionskommando, den Regimentern und einigen Bataillonen je einen Führungsoffizier gehabt sowie einen kleinen Stab außerhalb der Kaserne in Eggesin. Der Beleg für die Entlassungen dieser Leute lag vor. Doch schon bald wird mir erregt von Offizieren, Unteroffizieren, Mannschaften und Zivilbeschäftigten berichtet, diese »Schurken, Verbrecher, Lügner« seien noch im Dienst. Man habe jahrelang vor diesen Leuten Angst gehabt, unter ihrer Schnüffelei und ihren Maßnahmen gelitten und könne nicht glauben, daß es besser werde, solange sie bei der Bundeswehr Dienst tun. Namen werden genannt, darunter der frühere Leiter der Dienststelle beim Divisionsstab. Dieser frühere Major des MfS war entlassen, im Mai 1990 jedoch auf »höhere Weisung hin« in einem Fähnrich-Dienstgrad wieder eingestellt worden. Jetzt, nach dem 3. Oktober 1990 ist er Hauptfeldwebel der Bundeswehr und arbeitet in der Vermittlung und Fernschreibstelle des Divisionsstabes. Ich befehle ihn zu mir, frage ihn zunächst über seine frühere Tätigkeit aus. Er spielt diese herunter, ja, zwar MfS, doch Aufgaben, wie sie ein S 2 oder der MAD zur Absicherung ja auch wahrnähmen. Daß dieses auch Teil seiner Arbeit gewesen war, weiß ich. Ich weiß jedoch auch, daß dies bei weitem nicht alles ist und befrage ihn zu konkreten Sachverhalten, zum Schnüffeln in Privatangelegenheiten, zu Strafmaßnahmen mit Sippenhaft. Er merkt, daß ich auf das Gespräch vorbereitet bin, versucht zwar abzuwiegeln und wird immer kleinlauter. Ich befrage ihn zu seinen früheren Mitarbeitern. Er behauptet, alle seien entlassen, viele seien jetzt beim Zoll (ich hoffe, daß dies nicht mehr so ist). Da mir aber zwei weitere Namen bekannt sind, kann ich ihn glauben machen, mir liege die komplette Liste vor. So gibt er schließlich neun Namen preis, einschließlich des jeweiligen jetzigen Einsatzortes. Selbst im Vorzimmer des Divisionskommandeurs war die frühere Verwaltung 2000 vertreten.

Zwei der genannten Leute sind in Dienststellen des Wehrbereichskommandos VIII tätig. Wir melden den Sachverhalt an den Befehlshaber. Alle anderen werden zu mir bestellt.

Als sie kommen, weiß jeder von ihnen, worum es geht. Ihr früherer Chef hatte sie wohl darüber informiert, daß wir ihr Verbleiben bei der Bundeswehr als unzumutbar ansehen. Ein junger Mann bricht in Tränen aus, einer schimpft übel, eine Frau sagt gar nichts. Eine andere Frau, jetzt Zivilbeschäftigte, ist einsichtig. In ihrem Fall erhebt nun der Personalrat Einwände gegen den Entlassungsantrag. Sie habe immer nur völlig untergeordnete Tätigkeiten bei der Verwaltung 2000 ausgeführt, sei alleinerziehende Mutter eines behinderten Kindes. Die Frau wird schließlich auf einen unbedenklichen Posten umgesetzt, alle anderen werden auf unseren Antrag hin entlassen.

Später habe ich dienstlich mit der Ehefrau des entlassenen Offiziers des MfS zu tun. Sie ist Sekretärin bei einer anderen Dienststelle. Sie erkennt mich, ist aber freundlich, ja geradezu nett. Auch andere der entlassenen Personen treffe ich in Eggesin wieder. Man grüßt sich, spricht miteinander.

Ob auch die Politoffiziere richtig bewertet wurden, darf zumindest angezweifelt werden. Jeder Kommandeur hatte einen Stellvertreter für politische Arbeit. Dabei handelte es sich meist um besonders intelligente Offiziere, in deren Ausbildung die normale Relation zwischem militärischem und ideologischem Anteil umgekehrt war. Sie hatten die Theorie des Sozialismus in- und auswendig gelernt, wußten, damit zu argumentieren und alle Bereiche des militärischen Lebens am Anspruch der Ideologie zu messen. Viele waren blind überzeugte Einheitssozialisten. Aber eben nicht alle. Wenn intelligente junge Männer sich so intensiv mit dem ideologischen Anspruch beschäftigen, mußten die intelligentesten von ihnen auch auf die immer größer werdende Kluft zwischen Anspruch und Wirklichkeit gestoßen sein. Dies war auch der Fall. Die Politik der Perestroika und Glasnost des Generalsekretärs der KPdSU, gemessen an dem sturen Betonsozialismus der SED, die realitätsfernen Parolen der Parteioberen, das dem Prinzip der Menschlichkeit im Sozialismus entgegenstehende Spitzelsystem der Stasi, ließen in nicht wenigen Politoffizieren Zweifel wachsen. Solange das repressive System stark war, blieb nur der kleine Spielraum, Verstöße gegen die Menschenwürde politisch argumentierend zu verhindern.

Mit der Wende reihten sich einige vorne ein und wurden zu Vorreitern der Reformbewegung in den Streitkräften. Sie begriffen am schnellsten, worum es ging, nicht etwa weil sie durchwegs Wendehälse gewesen wären, sondern auch weil sie die Wahrheit früher als andere erkannten. So gibt es in Eggesin etwa einen früheren Politoffizier in der Spitze des Verbandes der Berufsoffiziere, der im Kreistag mit dem Mandat des Bundeswehrverbandes für die Demokratie arbeitet. Es gab weitere ehemalige Politoffiziere, die »Innere Führung« früh begriffen hatten. Aber keiner von ihnen durfte nach einer Grundsatzentscheidung in die Bundeswehr übernommen werden. Das Bedenkliche dabei war: Niemand nannte ihnen die wahren Gründe. Ein Hauptmann, dem die fernschriftliche Übernahmezusage schon eröffnet war, erhielt später die Ablehnung. Auch seine Beschwerde wird wohl erfolglos bleiben. Ich glaube, man hätte hier nicht pragmatisch, sondern individuell entscheiden sollen.

Natürlich gab es auch Negativfälle unter den Politoffizieren. Sie alle hatten schließlich mit ideologischem »Gewäsch« versucht, offensichtliche Fehlentwicklungen im Staate DDR zu entschuldigen. Sie alle hatte die üble Erziehung zum Haß, zum Feindbild gegen den »imperialistischen Klassenfeind« mitgetragen, ja mehr noch, verstärkt! An ihrer Eloquenz und ideologischen Standfestigkeit war jeder Ansatz zur Kritik gescheitert.

Mancher von ihnen hatte auch bis zum 3. Oktober 1990 den Abschied vom Sozialismus der alten Prägung nicht geschafft. Ein Kommandeur außerhalb unseres Befehlsbereiches machte mit kernigen Sprüchen von sich reden. Er war früher ein hoher Politoffizier gewesen. Dieser Mann hatte nichts gelernt, nichts begriffen. Er sabotierte die Antragstellung auf

Übernahme seiner Offiziere und Unteroffiziere, so lange er nur konnte. Er zog über die Bundeswehr her, obwohl er deren Uniform trug und von ihr sein Gehalt bezog. Geistig der alten DDR verbunden, erdreistete sich dieser Mann gar, Rekruten das Feierliche Gelöbnis auf die Bundesrepublik abzunehmen. Rat und Hilfe lehnte er ab. Im Dezember schied er endlich aus.

Schatten der Vergangenheit

Brigadegeneral von Kirchbach

Es gibt Überraschungen. Meine Vorzimmerdame gehörte auch zum MfS. Einzeln werden die Leute befragt und nach Einigungsvertrag entlassen. Es gibt Tränen, aber, wer beim MfS mitgearbeitet hat, ist nicht geeignet, beim Aufbau der neuen Streitkräfte mitzuarbeiten. Es erweist sich schnell, daß das Problem damit nicht gelöst ist. Wir prüfen zu dritt jeden Bewerbungsbogen. Schwammige Formulierungen an der Stelle, an der zu Kontakten mit dem MfS gefragt wird, erregen Verdacht. Mit zwei Anträgen befasse ich mich persönlich. Ein Feldwebel sitzt mir gegenüber, er ist Fahrlehrer. Das diabolische System, das Verbiegen des Denkens wird deutlich. Erst allmählich wächst ein Unrechtsbewußtsein. Er war wohl ehrlich überzeugt, zur »Sauberkeit« der Armee beigetragen zu haben. Mit dieser Lockung war er wohl auch geworben worden. Regelmäßig berichtete er nicht nur über besondere Vorkommnisse, sondern über alles, was in der Einheit vor sich ging, einschließlich einer Wertung der Tätigkeit seiner Vorgesetzten. Noch interessanter ist ein anderer Fall. Ein Arzt hatte sich während seines Studiums etwas zuschulden kommen lassen. Er wird vor die Wahl gestellt, entweder sein Studium sofort zu beenden oder sich zur Mitarbeit beim Staatssicherheitsdienst als inoffizieller Informant zu verpflichten. Er tut es und gibt während des Studiums regelmäßig Berichte ab. Dabei erkennt er die Dichte des Informantennetzes, als er einmal versäumt, über eine Versammlung, an der er teilgenommen hat, zu berichten. Er wird zur Rede gestellt. Es gab noch andere Teilnehmer an der Versammlung, die ihrer Berichtspflicht offensichtlich nachgekommen waren.

Haben wir alle Spitzel gefunden? Sicher nicht. Wir hoffen, daß die meisten von ihnen die Möglichkeit genutzt haben, bis zum Ende des Jahres 1990 auszuscheiden. Leider kann nicht ausgeschlossen werden, daß auch in der Armee noch »Enthüllungen« erfolgen werden.

Ein Eggesiner Bürger hat sich angemeldet. Er will am Telefon nicht sagen, worum es geht. Ein älterer Herr betritt das Dienstzimmer. Dann sagt er: »Auf diesen Augenblick habe ich zehn Jahre gewartet.« Er erzählt seine Geschichte: Vor etwa zehn Jahren arbeitete er, ein Bürger Eggesins, der mit der Armee nichts zu tun hat, in einem Wintermonat vor seinem Haus. Er beseitigte Schnee. Plötzlich traten zwei Offiziere an ihn heran und schlugen ihn zusammen. Sie schlugen ihn so schwer zusammen, daß er sofort in ein Krankenhaus eingeliefert werden mußte, sich nie wieder richtig erholt hat. Noch heute ist er schwerbeschädigt. Ich höre zu und kann diese Geschichte zunächst kaum glauben. Welchen Grund hätten die Offiziere haben sollen, einen unbescholtenen Bürger derart anzugreifen. Die Unterlagen geben darüber Aufschluß. Die Sache ist tatsächlich untersucht worden. Und die Angaben des Besuchers entsprechen den Tatsachen. Die beiden Offiziere, einer war im Oktober 1990 noch im Dienst, warteten auf die Rückkehr eines Kommandos vom Schneeschippen. Ein Soldat fehlte. Der angegriffene Mann hatte eine Wattejacke der NVA an. Er wurde für den fehlenden Soldaten gehalten. Mit »Selbstverständlichkeit« nahmen sich die Offiziere das Recht heraus, diesen nach ihrer Vermutung entlaufenen oder zu spät kommenden Soldaten anzugreifen und krankenhausreif zu schlagen. Welche Haltung Menschen gegenüber spricht daraus. Noch schlimmer ist, was dann passierte. Zu einem Gerichtsverfahren ist es nie gekommen. Der Angegriffene bekam eine Mitteilung, daß sich seine Angaben als korrekt erwiesen hätten, die Sache aber innerhalb des Militärs bereinigt worden sei.

Keiner der Offiziere ist bestraft worden. Man versuchte, die Sache über eine Entschuldigung, zu der es dann aber auch nicht kam, zu bereinigen. Eine lächerliche Entschädigung wurde gezahlt. Nach der Wende versuchte der Mann nochmals, zu seinem Recht zu kommen. Nochmals wurde ihm die Richtigkeit seiner Angaben bescheinigt und mitgeteilt, daß die Sache jetzt verjährt sei. Die Justizbeamten, die ihm diese Auskunft gaben, waren im übrigen dieselben, die ihm zehn Jahre vorher nicht geholfen hatten.

Leider ergaben meine Recherchen, daß tatsächlich auf dem Rechtsweg nichts mehr zu machen war. Es war für eine Bestrafung zu spät. Ich riet, mögliche Ansprüche auf Entschädigung bei der Wehrbereichsverwaltung noch einmal geltend zu machen. Die Offiziere sind heute nicht mehr im Dienst. Ich weiß nicht, ob eine zusätzliche Entschädigung gezahlt wurde. Schatten der Vergangenheit, davon gibt es viele, und mancher wird uns noch einholen.

Das »Jagdschloß«

Oberstleutnant i.G. Meyers

Wie andere SED-Größen, verfügte auch der Verteidigungsminister Heinz Hoffmann über ein »Jagdrevier«. Es lag im Eggesiner Forst. Teilweise im Gelände des Truppenübungsplatzes Jägerbrück sich befindend, aber weit darüber hinausreichend, war das von der Jagdwirtschaft Hintersee bewirtschaftete Gelände als Sperrgebiet behandelt.

Legenden ranken sich darum und werden vom lokalen Blatt wie von Gemeindevorstehern weiter genährt. Was war da tatsächlich? Das Revier bestand aus einem mehrere tausend Hektar großen Mischwaldgebiet mit kleinen Seen, romantischen Lichtungen und klaren Bächen. Es war eingezäunt. Einlaßschleusen ließen Wild herein, aber nicht mehr hinaus. Der Wildbestand war abenteuerlich. Noch im Dezember 1990 sah ich Rothirschrudel mit wohl 50 Stück. Hirsche, Sauen und Rehe weideten auf den Lichtungen wie die Viehherden einer LPG. Dieser starken Population mußte natürlich in erheblichem Maße zugefüttert werden. Dazu wurde in Frankreich hochwertiges Wildtrockenfutter beschafft. Die Hirsche des Herrn Hoffmann waren damit wohl die einzigen Eggesiner, die die berühmte französische Küche kennenlernten.

Man hatte Wildäcker und -wiesen angelegt, die künstlich bewässert wurden. Da der natürliche Quellenbestand vor Ort nicht ergiebig genug war, mußte die Gemeinde Hintersee Wasser liefern. Die Entnahmen waren so erheblich, daß die Ernte der Hinterseer Bauern litt. Dieses Dorf mußte noch Schlimmeres erleiden. Offenbar gab es Begierlichkeiten, das Revier nach Norden in das Gelände des halbvertrockneten Seegrundes auszuweiten. Deshalb durfte in Hintersee nicht gebaut oder renoviert werden. Große Teile des Ortes waren im Oktober 1990 verfallen. Das Sperrgebiet im Süden, die polnische Grenze im Osten, das Haff im Norden machten das Dorf darüber hinaus zur infrastrukturellen Halbinsel.

Aber den größten Ärger verursachte das legendäre »Jagdschloß«. Tatsächlich gab es kein Schloß. Es war vielmehr ein mittelgroßes Gästehaus, an einem wunderschönen Platz erbaut und um eine große rustikale Trophäenhalle erweitert. Das Haus war gutbürgerlich eingerichtet, die bauliche und sanitäre Substanz eher einfach. Hier suchte die Familie Hoffmann ihre Ruhe und ihr Vergnügen. Die Jagdwirtschaft Hintersee/Glashütte mit ihren 36 Bediensteten sorgte für das persönliche Wohl der Parteiaristokraten. Wenn Hoffmanns hier residierten – sie landeten auf einem eigens angelegten Hubschrauberlandeplatz – wurde der Schießbetrieb in Jägerbrück eingestellt. Die hohen Gäste hätten ja Schaden erleiden können, lag das Haus doch im Gefahrenbereich. Dem im Haus sonst lebenden Verwalter und den zur Wache eingesetzten Soldaten wurde diese Rücksichtnahme nicht zuteil.

Wenige Tage nach der Wiedervereinigung besichtigte ich das Haus. Zwei einfache Wachsoldaten öffneten uns. Sie trugen noch NVA-Uniform; unerreichbar für ihre Einheit – die Telefonverbindung war zerstört – hatte man die Burschen vergessen. Sie waren seit einigen Wochen hier; hatten ein wenig Geld für die Verpflegung bekommen und kochten sich mit völlig unzureichenden Mitteln in einer fast funktionsunfähigen Küche ihr spärliches Essen. Ihre Waffen waren Holzknüppel. Noch hatten sie alle Besucher abwehren können. Aber einem Auflodern der Volkswut hätten sie nichts entgegensetzen können. Ich veranlaßte den sofortigen Austausch der Männer, eine Verbesserung der Situation ihrer Nachfolger und setzte der Standortverwaltung eine Zwei-Wochenfrist bis zum Abzug der Wachen. Da eine Nutzung des Gebäudes nicht in Frage kam, es lag ja im Gefahrenbereich des Schießplatzes, und es zudem mit Asbestplatten erbaut war, veranlaßte die Standortverwaltung, daß die Erben der Familie ihr persönliches Eigentum abholten. Dio Standortverwaltung selbst baute aus, was verwendungswürdig war. Nach Abzug der Wachen wurde rasch von Dieben und Marodeuren der Zaun eingerissen und gestohlen, was nicht niet- und nagelfest war. Im Januar war nur noch eine Ruine übrig. Die Standortverwaltung verkaufte den Dachstuhl. Im Februar 1991 standen nur noch die Grundmauern.

Standortverwaltung und 9. Panzerdivison hatten in Presseerklärungen und gegenüber den Gemeinderäten diese Hintergründe klargemacht. Dennoch wurde monatelang behauptet, hier sei ein »Jagdschloß«, daß sich hervorragend für touristische Zwecke eigne, wissentlich von der Bundeswehr zerstört worden. Manche haben bis heute nichts begriffen.

EK

Oberstleutnant i.G. Meyers

Wer die Bundeswehr kennt, dem ist auch die Hierarchie unter den Wehrpflichtigen bekannt. Da gibt es »Rotärsche«, »Vize« und »Reservisten«, abgestuft nach den Entlassungsquartalen. Untereinander gibt es Foppereien, auch Spannungen, mitunter gar Auswüchse. Ähnliches dürfte es in allen Wehrpflichtarmeen der Erde geben.

Die Bundeswehr hat das konsequent bekämpft. Mit Recht: derlei Substrukturen sind nicht kontrollierbar und sie bergen große Mißbrauchsgefahren in sich. Wie groß diese Gefahren sind, sollten wir in Eggesin feststellen.

Aufmerksam auf das Problem wurden wir erstmals durch die Erzählungen eines im Autostop fahrenden Anhalters, den der Brigadekommandeur mitgenommen hatte. In Gesprächen mit Soldaten und aus den vorhandenen Akten erfuhren wir Näheres: Im »EK-System« oder »E-System« wurde den E's, also den Entlassungskandidaten das militärische Leben angenehmer gemacht, indem die jüngeren Jahrgänge für sie arbeiten mußten. Wurde dieses akzeptiert, so funktionierte das System gleichsam als zusätzlicher Ordnungsfaktor. Wurde es nicht akzeptiert, so wurde aus Schikane grober Unfug und schließlich gar üble Quälerei.

Die Hierarchie unter den Mannschaften kannte den »Sprutz«, auch »Glatter« genannt, das »Mittelschwein« und den »E«. Bei den Unteroffizieren hießen die Jahrgänge

»Dachs«, »Sprutz«, »Keks«, »Konter«, »Vize« und »E«. Ein Unteroffizier erzählte: »Als ›Glatter‹ mußte ich für die ›E's‹ ganz schön keulen.« Er mußte alles machen, was die »E's« verlangten. Das begann mit Stuben- und Revierreinigen, Essenholen und allerlei Arbeiten im täglichen Dienst, die oft unter besonders unwürdigen Zuständen stattfanden.

Ein Soldat berichtete, daß er in den Toilettenräumen mit Rasierklingen den Boden und die WC-Schüsseln reinigen mußte. Schlimm jedoch wurde es abends: Allerlei Spiele wurden mit »Sprutz« und »Mittelschwein« gespielt. E-Kugel rollen, Musikbox, Schildkröte, Heimfahrt, Schwarzarsch, Sibirischer Winter und das Trinken des Sprutzbechers lassen ahnen, um was es ging. Im ABC-Vollschutz durch die Gänge robben, nächtelange Zusatzdienste und anderes entwürdigten die jüngeren Soldaten oft bis zur Verzweiflung. Die hohe Zahl von Selbstmorden und Selbstmordversuchen in der Geschichte der 9. Panzerdivision hatte meist mit EK zu tun.

Vorgesetzte wußten von diesem Übel. Ein Wehrpflichtiger sagte: »Die Vorgesetzten dulden dies und profitieren davon, das System am Laufen zu halten.« Ein Unteroffizier: »Es wurde nichts unternommen, da alle dichtgehalten haben. Die Vorgesetzten haben sich nicht darum gekümmert und auch keine Anstrengungen unternommen, Verursacher ausfindig zu machen. Sie waren froh, nach Dienstschluß schnellstmöglich den Bereich zu verlassen und haben sich nicht für das außerdienstliche Kompanieleben interessiert.« Diese Analyse war zutreffend. Das Desinteresse vieler Vorgesetzter machte uns noch länger zu schaffen. Obwohl wir vehement gegen die EK-Bewegung arbeiteten, wurde noch im April berichtet, daß beim Anschnitt des Maßbandes für die letzten 150 Tage, Rekruten größere Mengen Cognac trinken mußten. War das Glas nicht völlig geleert, wurde das Ritual wiederholt. In den Fernsehräumen bestimmten grundsätzlich die »E's«, welches Programm eingeschaltet wurde. Das Auto eines Rekruten wurde auf die Seite gelegt, weil es auf dem Parkplatz eines »E's« stand.

Im Juli beendete ein »frischer« Rekrut in seiner Kompanie die EK-Bewegung auf seine Weise: Da er durch Kraftsport besonders stark war, legte er einige Entlassungskandidaten übers Knie und verabreichte ihnen eine Abreibung, an die sie noch lange erinnert wurden.

Wir haben dieses Übel nicht vollständig ausrotten können. Auch in der Bundeswehr hat es ja immer derlei Tendenzen, wenn auch nicht offen geduldet, gegeben. Alle müssen weiter dagegen angehen. Vor allem muß sich jeder Vorgesetzte darüber klar sein, daß seine Verantwortung gegenüber den Untergebenen nicht mit Dienstschluß endet. »Der Vorgesetzte hat für seine Untergebenen zu sorgen«, sagt das Soldatengesetz. Das beinhaltet auch, daß er die Wahrung der Menschenwürde zu jeder Zeit gewährleistet.

Was wäre gewesen, wenn

Brigadegeneral von Kirchbach

Hin und wieder kann man lesen, daß die NVA für sich in Anspruch nimmt, wesentlich zum Erfolg der friedlichen Revolution beigetragen zu haben, einfach dadurch, daß sie in der fraglichen Zeit des Herbstes 1989 nicht gegen die Demonstrationen vorging.

Die Wahrheit ist sicher komplizierter. Diese Prüfung blieb der NVA erspart, weil es zu einem Einsatzbefehl an die Truppen nicht gekommen ist. Damit ist jedoch die Frage nicht beantwortet, »was wäre gewesen, wenn?« Ich gehe dieser Frage in einigen Gesprächen nach.

Tatsache ist, daß es Vorkehrungen auch im Bereich der 9. Panzerdivision gab, mit denen die politische Führung und sicher auch die militärische Führung sich auf einen möglichen Einsatz von Truppenteilen gegen Demonstranten einstellte. Sieben Hundertschaften wurden im Herbst 1989 in Bereitschaft gehalten, der Grad der Bereitschaft wechselte zwischen den Tagen um die Feiern zum 40jährigen Bestehen der DDR und den folgenden Wochen und Monaten. Die Zusammensetzung der Kommandos war personell festgelegt, die Hundertschaften kamen in der Regel aus einem Bataillon, geführt von Offizieren des Divisionsstabes. Die Fahrzeuge zum Transport waren aufgefahren, die Waffen und die vorgesehene Munition lagerten ausgabebereit in den Waffenkammern der entsprechenden Einheiten. Über den möglichen Auftrag wußten nur die Führer Bescheid. Aber es gab vermutlich Gerüchte. Im Einsatzfall hatte man den Auftrag, kurzfristig einen Anlaufpunkt in der Nähe von Pasewalk zu passieren. Alle Vorkehrungen waren damit getroffen, schnell eine größere Menge Soldaten gegen Demonstranten einzusetzen, und mindestens den Führern war bekannt, daß diese Gefahr bestand.

In Gesprächen ist mir klar geworden, daß diese Maßnahmen auch Diskussionsgegenstand zwischen einigen Führern waren. Es gab Verabredungen, im Falle eines Falles, den Einsatz soweit wie möglich zu verzögern, Überlegungen, Fahrzeugpannen herbeizuführen. Diese Überlegungen gingen nichts bis zur Verweigerung des Einsatzes, machen aber deutlich, daß ein Einsatz auch für die Führung nicht ohne Risiko gewesen wäre.

Was wäre gewesen, wenn man wirklich gesehen hätte, daß die angeblich wenigen fehlgeleiteten Rowdies in Wirklichkeit Hunderttausende waren? Was hätten die Mannschaftsdienstgrade getan, die man zunächst nicht eingeweiht hatte, die man aber gebraucht hätte? Ein Schießbefehl wäre auch bei vielen Offizieren nicht unumstritten gewesen. Dagegen stand die langjährige Gewohnheit, Staat und Partei als Einheit zu sehen, Befehle nicht zu hinterfragen, der Mangel an zuverlässigen Informationen.

Die Frage, was wäre gewesen, wenn, ist heute nicht mehr

zuverlässig zu beantworten. Die Auffassung, die NVA habe zum Gelingen der Revolution beigetragen, halte ich für falsch. Aktiv hat sie nichts dazu getan. Ob sie indirekt dazu beigetragen hat, einfach weil eine Lagebeurteilung, zumindest ab Oktober 1989 dazu führen mußte, daß nicht einfach von einer schnellen konsequenten Befolgung eines Einsatzbefehls ausgegangen werden konnte, weiß ich nicht. Alle können froh sein, daß dieser Armee diese letzte Probe des Gewissens erspart blieb. Dies erleichtert den Neuanfang erheblich.

Umweltschutz

Oberstleutnant i.G. Meyers

Es war bekannt, daß die DDR und in ihr auch die NVA dem Umweltschutz nicht den Stellenwert gegeben hat, der mittlerweile in der Bundesrepublik im Westen Standard ist. Auch dort hat man erst verhältnismäßig spät gemerkt, daß Sünden an der Umwelt gleichbedeutend mit einer Verschlechterung der allgemeinen Lebensqualität, ja, mitunter gar mit einer Bedrohung von Leib und Seele ist. Als Problem erkannt war das in der DDR wohl auch. Aber Umweltschutz ist teuer, die Technologie war nur mit Devisen erhältlich; da dieses Geld nicht vorhanden war, vernachlässigte man die Umwelt.

Nach der Wende hatte die 9. Panzerdivision begonnen, Maßnahmen zur Verbesserung der Umwelt insbesondere im Gewässerschutz zu treffen. Das Bataillon »Chemische Abwehr« wurde hier eingesetzt. Im Divisionsstab war ein Stabsoffizier mit gleicher Aufgabe betraut worden. Aber die Aufgabe war so groß, daß nur kleine Erfolge aufzuzeigen waren. Es gab innerhalb und außerhalb der Kasernen verseuchte und verschmutzte Geländeabschnitte, wilde Müllkippen, undichte Tankstellen, überfüllte Ölabscheider. In allen Hallen, Gebäuden und Lagern fand man Säuren, Laugen, Gifte, Öle, undefinierbare Stoffe, Salze, Altreifen, Altbatterien, Asbest und vieles mehr.

Die neue Divisionsführung der Bundeswehr entschloß sich, hier Zeichen zu setzen. Aufbauend auf den schon vorhandenen Strukturen wurden alle Anstrengungen verstärkt. Das Bataillon Chemische Abwehr und das Pionierbataillon wurden vorrangig im Umweltschutz eingesetzt. Dabei wurde von Anfang an eng mit dem kommunalen Bereich, den Forstämtern und der Standortverwaltung zusammengearbeitet. Zunächst wurden alle Ölabscheider gereinigt, die Schlämme wurden sachgerecht gelagert und kompostiert. Eine Zivilfirma, die noch aus NVA-Zeiten Aufträge erhalten hatte, zeigte, daß sie diese Arbeit ohne die Hilfe der Truppe gar nicht bewältigen konnte. Die Truppe jedoch lernte, daß sie ohne diese Firma erfolgreich sein konnte.

In der Kaserne Karpin richtete man ein Schadstoff-Zwischenlager ein. Hier sollten alle umweltbelastenden Stoffe aus allen Kasernen des Standortes gesammelt, nach Art und Gefährdungsgrad getrennt, verpackt und gelagert werden. Die oft stark angegriffenen Behälter oder die großen Mengen an Asbeststäuben ließen die Arbeit nicht ungefährlich erscheinen. Häufig arbeiteten die Soldaten unter dem Vollschutz ihrer ABC-Abwehrausstattung.

Da das ABC-Abwehrbataillon aufgelöst und das Pionierbataillon umgegliedert werden mußten, wurde mit Nachdruck darum gekämpft, daß eine größere Zahl von Spezialisten als SaZ-2 übernommen wurde, als das nach der Struktur vorgesehen war. Die Chemiker des ABC-Abwehrbataillons wurden im neuen Brigadestab zusammengefaßt und arbeiten mit der neu aufgestellten Panzerpionierkompanie 410 weiter an dieser wichtigen und schmutzigen Aufgabe. Beim Tag der Umwelt beteiligten sich alle Truppenteile des Standortes an einer Säuberungsaktion der Landschaft, die ja weitgehend

NVA-Erbe war. Damit sollte auch gegenüber der Bevölkerung ein Zeichen gesetzt werden.

Bald war der Landkreis Ückermünde das wohl einzige Gebiet, in dem man keine Trabbi-Wracks mehr als Mahnmale am Straßenrand fand. Aber auch in den Kasernen ging es weiter. Im Rahmen der erforderlichen Um- und Neubauten wurden massenweise Gebäude geräumt. Jedesmal wurden neue Zeitbomben gefunden. Altfarben, Öle, Undefinierbares, ätzende, stinkende Stoffe, Behälter mit Totenkopfsymbolen und Giftwarnungen waren allerorten. Es war klar, daß eine noch jahrelange Entsorgungsaufgabe ansteht. Die Standortverwaltung, eigentlich zuständig, erkannte, daß sie ohne Hilfe der Truppe völlig überfordert wäre. Ihr fehlten sachkundige Leute, Transportkapazitäten, Entsorgungsmöglichkeiten. Die Brigade entschloß sich, einen Antrag zu stellen, ein STAN-Element zu bilden, das unserer Umweltschutzgruppe genau entsprach. Da sich aber bald von vielen Seiten Bedenkenträger zu Wort meldeten, wurde die Erfolgsaussicht gering geschätzt. So war die Überraschung groß, als alle vorgesetzten Dienststellen den Antrag unterstützen und schließlich zwar nicht im Rahmen einer STAN-Erweiterung, aber doch in der Sache dem Antrag stattgegeben wurde. Andere Dienststellen wurden gar aufgefordert, dem Beispiel der Vorpommernbrigade zu folgen.

Nach etwa einem Jahr hat die Brigade noch keine sauberen Kasernen und Übungsplätze. Aber sie hat einen recht guten Überblick über belastete Flächen, nahezu ein Schadtstoffkataster. Sie ist zwar nicht von den Schadstoffen entlastet; aber diese lagern ziemlich sicher und gut geordnet in einem Zwischenlager. Das Wasser ist schon sauberer geworden, bauliche Maßnahmen werden weitere Erfolge bringen. Eine Vergrößerung der Umweltbelastung konnte weitgehend vermieden werden. Jetzt gilt es, die vorhandenen zu beiseitigen.

Die Umweltschutzgruppe wird das nicht allein schaffen. Altlasten aus Vorkriegs- und Kriegszeiten müssen ebenfalls beseitigt werden. Der zivile Bereich muß mitziehen. Die Bevölkerung muß sensibilisiert werden (hier mangelt es noch erheblich!). Auch im vorbeugenden Katastrophenschutz, im Brandschutz und im Bereitschaftsdienst zur Unfallbekämpfung hat die Brigade mit den anderen Truppenteilen, der kommunalen Seite und der Standortverwaltung Wege aufgezeigt. Es ist nicht unwahrscheinlich, daß die Bundeswehr in Zukunft diese Wegrichtung verstärkt einnehmen muß.

Im Rampenlicht. Die besondere Lage Eggesin

Oberstleutnant Vogt

Sehr früh reiften bei uns die Erkenntnisse, daß wir es hier in Eggesin anders, wesentlich schlimmer als in anderen Garnisonen der ehemaligen NVA angetroffen haben und daß sich erste Aussagen von vor allem Offizieren der ehemaligen NVA, bestätigten. Die NVA hatte es schwer gehabt, Offiziere und Unteroffiziere nach Eggesin zu versetzen, einem Ort, an dem die Landkarte der ehemaligen DDR nur einen »weißen Fleck« zeigte. Es galt, Ursachenforschung zu betreiben, das geographische und menschliche Umfeld zu erforschen, Mängel, die über dem normalen Maß (NVA/-DDR) lagen, aufzudecken, um diese schnellstens, soweit wir es vermochten, zu beheben, oder wenigstens zu mildern und Eggesin als das, was es wirklich ist, der ganzen Republik kundzutun. Als Einödstandort – aber trotzdem mit besonderem Reiz. Mit besonderen Reizen, die sich, wie bereits beschrieben wurde, vor allem in der traumhaft schönen Landschaft ausdrücken. Aber auch in der Bescheidenheit der Menschen, die hier wohnen. Darüber hinaus galt es zu verdeutlichen, daß es sich trotzdem lohnt, hier einige Jahre seiner Dienstzeit zu verbringen. Jahre, in denen man, wenn auch im bescheidenen Rahmen, für diese Region etwas zur Verbesserung beitragen kann. Also als »Pionier«. Für derartige Pioniere ist für die nächsten zehn Jahre noch Arbeit in Hülle und Fülle vorhanden.

Es ist nicht allen die geographische Lage der Stationierungsorte der 9. Panzerdivision im nordöstlichen Zipfel der am 3. Oktober 1990 größer gewordenen Republik, es sind neben der Mentalität der hier wohnenden Menschen vor allem das Umfeld und die wohl vor mehr als fünf Jahrzehnten stehengebliebene Entwicklung in dieser Region, so daß es mir zunächst den Atem verschlug, als uns das ganze Ausmaß dieser Hoffnungslosigkeit und Trostlosigkeit hier vor Ort bewußt wurde.

Was hat man aus Vorpommern – zumindest aus dem Teil Vorpommerns, der zwischen Pasewalk und Ückermünde liegt – gemacht? Wer hat dies veranlaßt und nun auch zu verantworten? Es war nicht der einzelne Bürger! Nicht die hier wohnenden Menschen, einschließlich der hierher versetzten Soldaten haben im einzelnen Einfluß auf diese Entwicklung nehmen können, dazu waren sie auch nicht erzogen. Sie waren auch nicht erzogen zur Selbständigkeit und nicht zur Kreativität, sie waren erzogen zum passiven Bürger, der mehr durch Unselbständigkeit und mangelnde Initiative gekennzeichnet ist.

Man nahm ihm alle staatsbürgerlichen Aufgaben, gemessen an unserem demokratischen Staatsverständnis, ab. Man konnte ihn dadurch auch leichter dirigieren. Über die offizielle Tagespresse, vor allem das »Neue Deutschland« bzw. über das DDR-Fernsehen – nur ein Kanal konnte empfangen werden – erfuhr der Bürger nur das, was die politische Führung ihm sagen wollte und was ihn in seiner ihm eingebleuten politischen Auffassung bestärkte. Andere Sender oder Tageszeitungen konnte man in dieser Region nicht empfangen bzw. nicht erwerben. An Schulen und in anderen Ausbildungsstätten erwarb der Bürger zwar hochtrabende Titel, wurde jedoch weit unter Wert und Niveau ausgebildet. Auf Militärakademien erwarb man diplomierte Würden, ohne diese je umsetzen zu können, da die Inhalte fehlten. Man gaukelte ihm vor, es gehe ihm gut. Den Soldaten, aber auch den Bürgern bleute man ein, daß der »Klassenfeind«, die BRD, mit der Bundeswehr täglich angreifen könne und erzwang so über Jahrzehnte eine extrem hohe Einsatzbereitschaft. Damit waren viele Familien zerrissen. Die Kinder wurden in Krippen, Horten und Schulen erzogen. Ganztägig. Die Arbeitskraft der Ehefrau wurde zur Steigerung der sozialistischen Errungenschaften mißbraucht. Mißbraucht deshalb, weil oft nur aus Beschäftigungsgründen, am Bedarf vorbei – und darüber hinaus noch extrem unwirtschaftlich, produziert wurde. Und der Ehemann? Er wachte über alles, oft aus der Kaserne, in Übungen, Manövern oder auch nur durch Präsenzpflicht in der Kaserne. Oder er bekleidete ein Amt in der Partei.

Rücksichtslos wurden ganze Landstriche vom Militär vereinnahmt, für den Bürger gesperrt und als Schießplätze, Übungsplätze oder auch nur zu Fahrschulzwecken genutzt. Umweltschutz – unbekannt. Der halbe Kreis Ückermünde war der Öffentlichkeit nicht zugänglich. Was übrig blieb, wurde von den LPGen bestellt, »bewiest« und mit einem völlig überalterten Fahrzeugpark dazu benutzt, die Grundbedürfnisse des Bürgers zu befriedigen.

Es waren Kommandowirtschaft des Militärs im Verbund mit der staatlichen Planwirtschaft, die hier zum Wohle des Sozialismus in mehr als 40 Jahren Spuren hinterließen, die sich mit Sandpapier nicht wegschleifen lassen. Zur Beruhigung der Bürger gab es staatliche Subventionen auf Kindererziehungsstätten, Grundnahrungsmittel, Mieten und Energiekosten, die teilweise unverantwortlich waren. Ein wichtiges Regulativ, von Staats wegen aus der Hand gegeben: Für viele Aufwendungen und Dienstleistungen waren keine Kosten zu entrichten. So wurden mit Fernheizungen Wärme und Warmwasser fast unentgeltlich bereitgestellt und gedankenlos verschleudert. Temperaturregelungen erfolgten mit Hilfe der Fenster. Heizkörper ließen sich meist gar nicht abstellen. Jeglicher Bedarf der Bürger konnte nur über den »Plan« abgedeckt werden. Das gesamte Handwerk, früher blühend in dieser Region, war verkümmert. Dafür blühte der Schwarzmarkt, das Tauschgeschäft.

Mit dem Wegfall der Mauer begann die Phase der Veränderungen, die ihren ersten Höhepunkt in der Einführung der DM erreichte. Mit dem Tag der Vereinigung wurde schlagartig alles anders. Die LPGen hatten keinen Markt mehr. Der Drang nach »Westprodukten» war übermächtig. Daher mußten Ställe und Scheunen geschlossen werden. Es ist für unsere Region zu befürchten, daß sich dies zum Dauerzustand entwickelt, da die Qualität der Böden eine sich lohnende und konkurrenzfähige Landwirtschaft nicht zuläßt. Viele der Betriebe, die nur durch staatliche Subventionen überlebten, mußten ihre Tore schließen. Dies war in unseren Kreisgebieten, in Ückermünde und Pasewalk, dramatischer als andernorts, da viele Betriebe, dem Militär folgend, unabhängig von Wirtschaftlichkeit an den Standorten angesiedelt wurden. Hinzu kam, daß mit der Wende in den öffentlichen Verwaltungen so manche persönliche Fehde ausgetragen wurde.

Mißtrauen gegen die Armee bremste zunächst ebenfalls die Entwicklung. Die 9. Panzerdivision entließ vor dem 3. Oktober 1990 viele ihrer Soldaten, die entweder aufgrund ihrer Vergangenheit keine Chance in der Bundeswehr sahen oder als harte Regimetreue verbittert ihren Abschied einreichten. Ältere nutzten das Angebot des Vorruhestandes, und jene, denen man für eine Verpflichtung einen Studien- oder Lehrplatz zugesichert hatte, schieden aus, da sie sich nicht mehr vertraglich gebunden fühlten.

Die Sofortfolgen? Hohe Arbeitslosenzahlen, die weit über dem Landesdurchschnitt liegen, eine anhaltend schlechte Finanzlage der Kommunen, schleppende Bearbeitung der Bürgeranträge auf Arbeitslosengeld, Renten und Wohnungsgesuche sind die Folgen. Unzufriedenheit macht sich breit.

Die Division verwaltete in Eigenleistung 3600 Wohungen, von denen die wenigsten noch von Soldaten bewohnt sind. Was wird aus den Bewohnern? Man spricht von hohen Mietsteigerungen, wer soll das bezahlen? Die ersten der konkurrenzlosen Einzelhandelsgeschäfte haben geöffnet, ihre Preise sind teilweise stark überzogen. Drei kleine Kneipen und eine Reihe von Früh- und Spätläden lassen lediglich eine »Druckbetankung« zu. Das »Puschenkino« ist gefragt, dank Satellitenantenne, die fast an jedem Haus hängt. Man erkennt den Nachholbedarf. Auch in Videotheken, in denen vor allem Softpornos reißenden Absatz finden.

Am gravierendsten ist jedoch die berufliche Unsicherheit der Zeit- und Berufssoldaten aus zwei Divisionen, von denen einige die ersten zwei Jahre im Dienst nicht überstehen werden. Mehr als 40 Jahre unter militärischer Kommandowirtschaft in einer kleinen Region, in der zwei Divisionen mit mehr mehr als 14000 Soldaten stationiert waren, sind über Nacht nicht auszumerzen. Viele der ehemaligen Soldaten wohnen noch in dieser Region und manche sind für jede aufkommende schlechte Stimmung sogar dankbar. Träumen doch einige von der Vergangenheit, in der sie als »Privilegierte« galten, von den sogenannten »besseren Zeiten«.

Nur mit Mühe konnte ich den inzwischen nicht mehr im Amt befindlichen Bürgermeister davon abhalten, die Kindergärten aus finanziellen Gründen zu schließen. Eine dafür impulsiv entstandene Bürgerinitiative überzeugte ihn dann vollends. Nicht alles, was vor der Wende bestand, war schlecht. Es müssen eben für bestimmte Dinge die Rahmenbedingungen geändert werden. Informationen über diese Rahmenbedingungen in unseren neuen Bundesländern, mit denen sich die Bürger vor Ort hier auseiandersetzen müssen, sind weitgehend unbekannt.

Was das Bild der Bundeswehr in der Öffentlichkeit anbetrifft, so müssen die Bürger, die Verantwortlichen in den Kommunen, die Landräte und Bürgermeister, die Pastoren und

Schulleiter nachhaltig erfahren, daß die Bundeswehr ein Spiegelbild unserer Gesellschaft ist, daß wir als Soldaten den Staatsbürger in Uniform vertreten und daß es keine Geheimnisse hinter der Kasernenmauer zu hüten gibt.

Die ersten Kontakte waren schnell hergestellt, und schon in den ersten vier Wochen unserer Amtszeit durften wir hohe Persönlichkeiten in unseren Kasernen begrüßen. Zur Kommandoübergabe durch den Befehlshaber im Wehrbereich VIII waren die Landräte, Kreistagspräsidenten und Bürgermeister unserer beiden Landkreise geladen und auch erschienen. Bereits 14 Tage später besuchte uns Generalleutnant Schönbohm, Befehlshaber im Bundeswehrkommando Ost, für 48 Stunden, und bei einem ersten gemeinsamen Abend in großer Runde mit Offizieren der ehemaligen NVA, begann das Eis zu tauen. Der Rundfunksender RMV – Radio Mecklenburg/Vorpommern – sollte uns in Folge bei allen Veranstaltungen begleiten und über uns berichten.

Es galt für uns, Eggesin als Standort genauso bekannt zu machen wie Dresden, Leipzig oder Neubrandenburg. Deshalb nahmen wir jede Gelegenheit wahr, Vorgesetzte, Besucher und Gäste mit der »besonderen Lage Eggesin« vertraut zu machen. Neben unserem Minister, Dr. Gerhard Stoltenberg, und dem zweimal bei uns weilenden Inspekteur des Heeres, Generalleutnant Henning von Ondorza, durften wir bis heute weitere 24 Generäle bei uns begrüßen und ihnen über unsere Nöte und Hoffnungen, aber auch positiven Erlebnisse, berichten. Als weitere Höhepunkte dürfen noch die Besuche des Generaldekans Gramm sowie des Landesbischofs von Greifswald, Eduard Berger, herausgestellt werden, die unsere nachdrückliche Forderungen für eine umfassend praktizierte Seelsorge unterstreichen. Bis heute wurde vielen unserer Forderungen als »Eggesin-Zuschlag« Rechnung getragen, diese Quelle darf nicht versiegen.

Ich will aber nicht vergessen zu erwähnen, welche Bedeutung wir auch unseren Bürgern in Vorpommern zumessen. Von Hilfen in zahllosen Dingen, von steter Gesprächsbereitschaft, bis hin zum Adventskonzert, reicht die Palette der Angebote an die Bürger.

Für uns Soldaten war aber der Höhepunkt des Jahres jener bereits erwähnte Besuch des Altbundespräsidenten Professor Karl Carstens, der aus Anlaß der ersten Wiederkehr des Tages der Vereinigung vor mehr als 600 Gästen einen beachtenswerten Vortrag über die geschichtliche Entwicklung der Deutschen hielt und während des anschließenden Empfangs für alle Besucher bis in die späten Abendstunden unter uns weilte.

Wir wollen keine besondere Behandlung, keinen oder fast keinen Zuschlag für Eggesin, für die Region in Vorpommern. Aber wir wissen aus der Geschichte, daß schon deutsche Fürsten vor mehr als 200 Jahren feststellten, daß in Pommern alles 50 Jahre später kommt. Die Bürgermeister und Landräte, die Verantwortlichen der Kommunen und Landkreise können es allein nicht schaffen. Es bedarf einer gemeinsamen Anstrengung. Hier sollen auch wir dank unserer bundesweiten Öffentlichkeitsarbeit Brücken schlagen, die garantieren, daß in Vorpommern die Rahmenbedingungen geschaffen werden, die den Bürgern den Sprung über jene 50 Jahre verschaffen und unsere Soldaten die heimatferne Einberufung vergessen lassen. Wir dürfen nicht abseits vom Geschehen vergessen werden.

Seelsorge

Oberstleutnant i.G. Meyers

»Religion ist Opium für das Volk«, soll Marx gesagt haben. Doch die Marxisten konnten mit dieser Parole so erfolgreich nicht gewesen sein – meinten wir. Auch in der DDR konnte Religion nicht fremd gewesen sein, die führende Rolle der evangelischen Kirche bei der Wende hatten wir am Fernsehen miterlebt. So erwarteten wir, in ein durchaus auch evangelisch geprägtes Land zu kommen, was sich jedoch als Irrtum herausstellte. Die SED hatte eine Mehrheit zur Religionslosigkeit erzogen, und in der NVA war sie besonders erfolgreich gewesen. Karriere und Kirche schlossen sich aus! In einer so stark von der NVA geprägten Region wie der unseren war das Mißtrauen zwischen Militär und Kirche überwältigend. Dieses wollen wir nach unserer Ankunft versuchen, zu überwinden.

Dabei ist nicht etwa Missionierung der Soldaten unser Ziel. Nein, wir wollen durch Dialog Vertrauen schaffen und helfen, zu einer Normalität im Verhältnis zueinander zurückzufinden. Natürlich sollte auch die Seelsorge für die Soldaten aufgebaut werden.

Nach ersten Kontaktaufnahmen durch den G 1 und den Divisionskommandeur laden wir die Pfarrer beider Kirchen zu einem Gespräch ein. Die evangelischen Pfarrer gehören zum Kirchenkreis Ückermünde, der wiederum ist der evangelischen Landeskirche zu Greifswald, also der Pommerschen Kirche zugeordnet. Die mit der deutschen Einheit verbundene Wiedereinführung der Kirchensteuer hat dem Kirchenkreis eine Vielzahl von Austritten beschert. Die katholische Kirche, die ein auf zwei Dörfer konzentriertes Diasporadasein führt, hatte auch durch die fast 60 Jahre Diktatur ihre Schäflein zusammenhalten können.

Die Pfarrer kommen fast alle. Der Superintendent zeigt sich gesprächsbereit, wenngleich er auf die vielen Probleme der Vergangenheit zwischen Militär und Kirche hinweist. Die Pfarrer waren alle Wehrdienstverweigerer gewesen. Als sie sich der Wendebewegung anschlossen, hatten sie Schimpf und Schande seitens der Offiziere ertragen müssen. Nicht alle sind nun zur Vergebung bereit. Uns wird von einem Offizier berichtet, daß ein Pfarrer gerufen hat: »Was, Vergebung wollt ihr? Erst sollt ihr büßen!«

Wir stellen uns vor, schildern, was unser Auftrag beinhaltet und fordern zum Dialog auf. Die Kirchenmänner sind beeindruckt, doch auch etwas erschreckt. Der Superintendent, ein offener, geradliniger Mann, erläutert den Schrecken später in einem Radio-Interview, betont aber auch seine Gesprächsbereitschaft. Zur Jahresfeier des ersten Friedensgottesdienstes in der Kirche in Ückermünde gehen wir mit einigen Offizieren, um den Gottesdienst mitzuerleben. Wir tragen Uniform. Das Erstaunen der Bürger ist greifbar. Auch hier betont der Superintendent, daß das etwas Neues, Hoffnungsvolles sei.

Der Kommandeur und ich werden zur Kreissynode eingeladen. Es sind gute Gespäche. Doch bleiben auch Zweifel. Der Eggesiner Pfarrer sagt: »Wir umarmen euch nicht, doch wir strecken euch die Hand entgegen.« Das ist schon viel.

Wir vereinbaren erste Standortgottesdienste. Die Kirche von Eggesin ist voll, doch kalt wie eine Gefriertruhe. Der Pfarrer spricht lange über die Vergangenheit, erläutert das Ritual, gibt sich große Mühe. Das Interesse der Soldaten ist vorhanden, doch auch tiefes Mißtrauen. Die eisige Kälte in der Kirche ist nicht gerade eine Einladung zur Wiederkehr. In der katholischen Kirche zu Hoppenwalde, unweit von Eggesin, ist es warm. Der feierliche katholische Ritus ist ebenfalls interessant. Die Predigt des Pfarrers vermeidet jeden Bezug zur Vergangenheit oder zum Militär. Soldaten sagen später: »Langweilig!« – Der Weg zur Kirche ist weit!

Der zwischen den Kirchen und der Bundeswehr geschlossene Militärseelsorgevertrag wird von den örtlichen evangelischen Landeskirchen abgelehnt. Sie wollen sich (noch) nicht zu fest an den Staat binden, den sie kaum kennen. Aber die Greifswalder Landeskirche bittet den Divisionskommandeur, die Erfahrungen mit der Militärseelsorge vorzutragen. Er tut dies und erkennt, daß vielen Kirchenmännern der Vertragsinhalt im einzelnen unbekannt war. Aus seinem Vortrag ergeben sich weitere Einladungen. Wir sind keine Streiter für den Vertrag um des Vertrages willen. Aber wir müssen fordern, daß die Kirche denjenigen Soldaten, die das wollen, seelsorgerisch zur Seite steht. Und der Dialog über die Vergangenheitsbewältigung muß selbstverständlich auch mit der früheren Opposition geführt werden.

Die katholische Kirche, hierarchischer und einheitlicher, beauftragt den Pastor von Viereck, unserer südlichsten Garnison und katholischen Diaspora-Gemeinde, als hauptamtlichen Standortpfarrer für Eggesin und Neubrandenburg. Das ist zwar etwas viel für einen Einzelkämpfer, aber es ist ein guter Anfang. Die evangelischen Pfarrer helfen auch. Sie führen Standortgottesdienste durch, erteilen Lebenskundlichen Unterricht und sind auch als Seelsorger da, wenn sie gebraucht werden. Ein Pfarrer lädt uns ein, in einem von ihm betrauten Heim eine Soldatenrüstzeit durchzuführen. Aber mit einer Ortskirche, die ja auch im Umbruch ist und der Seelsorge für Soldaten sind sie überfordert. Sie stellen bei ihrem Bischof den Antrag, einen Pfarrer hauptamtlich für die Soldatenseelsorge im Standort Eggesin abzustellen.

Der Bischof von Greifswald, Herr Berger, ist ein verhältnismäßig junger Mann. Er ist nach dem 3.10.1990 in sein Amt eingeführt worden. Zur Feier geht auch einer unserer West-Offiziere, dessen Bruder mit Herrn Berger zur Schule gegangen ist. Dadurch kommt der erste Kontakt zustande. Der Divisionskommandeur wird eingeladen, man lernt sich kennen. Als Bischof Berger zufällig einmal durch Eggesin fährt und das Schild »9. Panzerdivision« sieht, beschließt er, uns zu besuchen. So steht plötzlich ein Bischof im Flur des Stabsgebäudes! Wo kann man so etwas sonst erleben? Später besucht der Bischof die Brigade für zwei Tage. Er führt viele Gespräche, erfährt auch Widerspruch: seine Kenntnisse über die NVA sind gering und aus eigener Leidenserfahrung verzerrt.

Beim Standortgottesdienst spricht er zu den Soldaten. Eine gute, niveauvolle aber auch nicht unangreifbare Predigt. Sie gipfelt in der Feststellung zum soldatischen Dienst: »Auch einen Notdienst kann man mit Würde versehen.« Manche Soldaten hätten sich dennoch gewünscht, daß der Bischof stärker auf die Fragen ihres Dienstes und ihres Auftrags eingeht. Aber dazu kennt der Bischof ihre Situation noch zu wenig. Die Kirche ist wieder einmal sibirisch kalt.

Anschließend zeigen wir dem Bischof den militärischen Bereich. Er kündigt an, daß der Antrag des Kirchenkreises auf Abstellung eines hauptamtlichen Pfarrers wohl genehmigt wird. Die evangelische Seelsorge für unsere Soldaten ist damit für Eggesin gesichert, zunächst auch ohne Vertrag.

Besucher und Medien

Brigadegeneral von Kirchbach

Unmittelbar nach der Kommandoübernahme hat der Befehlshaber, General Schönbohm, seinen Besuch angesagt. Zur Überraschung unserer Kameraden aus dem Osten unterbricht diese Nachricht die Arbeit keine Stunde. Keine Show wird vorbereitet, die Bordsteine werden nicht geweißt, kein Gedanke, den Rasen grün einzufärben, eine kurze Überlegung, welche Eindrücke der Befehlshaber mitnehmen soll, das muß genügen. Und der Befehlshaber hinterläßt einen tiefen Eindruck. Er läßt sich unterrichten, kommt mit zahlreichen Offizieren bei einem Herrenabend ins Gespräch, diskutiert mit Wehrpflichtigen, besichtigt Unterkünfte und nimmt an der Ausbildung teil. Seine Rede gibt Hoffnung, und er verspricht eine faire Chance für alle, ein Versprechen, das er später, für uns noch besser als erhofft, einlösen wird.

Aber es wird auch deutlich, wie weit der Weg ist, den wir noch gehen müssen. Das Gespräch mit den Wehrpflichtigen verläuft bedrückend. Die Anerkennung für die Sofortmaßnahmen ist eher gering, die Liste der Forderungen groß. Die meisten sind berechtigt. Der Befehlshaber überzeugt sich selbst, wie die Soldaten unter offenem Wasser ihre Teller spülen müssen, in einer Umgebung, die trotz aller Bemühungen hinsichtlich der Sauberkeit ausschließlich abschreckend wirkt. Aber, es ist auch schon vieles geschehen, und etwas Zeit muß man uns schon gönnen.

Es ist kurz nach dem Tag der Einheit. Wir haben die Pfarrer aus unserem Befehlsbereich eingeladen. Viele sind der Einladung gefolgt.

Es ist ein bewegender Augenblick, als sie uns erzählen, daß sie niemals eine Chance hatten, in eine Kaserne zu kommen, geschweige denn offiziell mit Soldaten der NVA ins Gespräch zu kommen. Sie sind bewegt, daß wir vom ersten Moment den Kontakt gesucht haben. Sie erzählen von den verschwiegenen Kontakten mit wenigen Soldaten in ihren Gemeinden. Sie erzählen von den Gesprächen am runden Tisch. Sie erzählen von der Belagerung des Stasi-Gebäudes und der Sicherstellung der Akten und von den Demonstrationen im Herbst 1989. Sie sind skeptisch, was den Militärseelsorgevertrag angeht, aber sie wissen um ihre Verpflichtung gegenüber den Menschen in der Bundeswehr. Viel Gutes der nächsten Monate entspringt diesem ersten Treffen der Seelsorger mit Offizieren der neuen Bundeswehr.

Der Inspekteur des Heeres hat sich angesagt. Er will sich vor Ort über die Lage informieren. Er führt ein intensives Gespräch mit Soldaten Ost und West. In einigen Punkten erläutere ich ihm, wo wir die Hilfe des Führungsstabes des Heeres erwarten. Mein Hauptpunkt der Kritik ist, daß wir nicht selbst

Zeitsoldaten (wir haben viele Bewerber) verpflichten dürfen. Der Inspekteur verspricht Abhilfe und er hält sein Versprechen. Ab Anfang des Jahres 1991 haben wir die gesuchten Möglichkeiten und machen sofort und erfolgreich davon Gebrauch. Er genehmigt den Antrag, eine Mannschaft nach Nijmegen schicken zu dürfen und sorgt dafür, daß wir bevorzugt mit Blauzeug ausgerüstet werden. Von fünf Anträgen, die ich stelle, sind vier binnen 24 Stunden genehmigt.

Ein Fernsehteam dreht bei uns. Vor uns steht der Appell zur Namensgebung der Brigade. Wir haben uns in einem Biwak zusammengefunden. Mehrere hundert Soldaten der Brigade aller Dienstgrade sind zusammen. Eine kleine Besetzung des Neubrandenburger Musikkorps spielt. Die Reporter sind unterwegs, filmen, machen Interviews. Dann werde ich selbst gefragt. Außerhalb der Aufnahmen stellt ein Reporter fest: »Ich habe riesige Probleme, wenn ich nicht direkt frage, gelingt es mir nicht, festzustellen, welcher der Soldaten aus dem Osten und welcher aus dem Westen kommt.« Ob er merkt, daß er uns ein riesiges Kompliment gemacht hat?

An einem Sonntag im Juli hat sich der Minister angesagt. Am Sonntagnachmittag landet er vor dem Stabsgebäude. Ich begleite ihn nach Altwarp. Wir erleben in einer Ost-West-Runde einen sehr fröhlichen Abend. Der Minister präsentiert sich zum Anfassen. Unser Rotwein (nicht aus Vorpommern, sondern aus Frankreich) schmeckt ihm. Am Morgen gibt er mir Gelegenheit, nahezu eine Stunde beim Frühstück zu den Problemen vor Ort vorzutragen. Dann erhält er die Lageeinweisung des Stabes. Er sagt auch öffentlich vor der Presse seine Unterstützung unserer Bemühungen um die Verbesserung der Infrastruktur, z. B. der Sanierung des Schwimmbades, zu. Seine politische Absicht, Offizieren auch die Chance zu geben, als Unteroffiziere übernommen zu werden, trifft sich mit meinem Antrag, hier großzügiger zu werden. Fortschritte sind bei diesem Besuch offensichtlich.

In netter Atmosphäre nimmt der Minister an einem Unterricht politischer Weiterbildung teil. Die jungen Leute sind offen und interessiert. Was der Minister verdient, wird er gefragt und, von einigen Berliner Soldaten, warum so viele Jungs aus Ost-Berlin da sind und niemand aus West-Berlin. Er antwortet offen und kommt gut an.

Der Abschluß des Besuches nach einem Pressegespräch gibt Anlaß zum Schmunzeln. Eine Zeitverwechslung in der Flugbereitschaft in Köln hat dazu geführt, daß der Minister nicht wie beabsichtigt abfliegen kann. Sicher sind heute keine Erschütterungen der Koalition mehr zu befürchten, wenn enthüllt wird, daß hierdurch ein geplantes Treffen mit dem Außenminister nicht zustande kommen konnte. Später fährt der Minister mit seinem Wagen. Es spricht sich herum, daß es der vereinigten Finanzmittel seiner Begleitung bedurfte, um die nicht geplante Tankfüllung zu bezahlen.

Der Besuch gibt in anderer Hinsicht Anlaß zum Nachdenken. Wie kommt es eigentlich, daß Minister oder Befehlshaber in Anerkenntnis unserer Lage die gebotene Unterkunft für die Übernachtung selbstverständlich als angemessen akzeptiert haben, während andere, bei weitem niedriger gestellte Persönlichkeiten an der Zumutbarkeit ihre Zweifel äußerten?

Ein Besuch freut mich besonders. Es ist der Bundestagsabgeordnete van Essen, in der laufenden Legislaturperiode neu in den Bundestag gekommen. Wir kennen uns schon viele Jahre. Er hat als Fahnenjunker in meiner Einheit Lahnstein gedient und ist in dieser Zeit Reserveoffizier geworden. Er will uns besuchen. Herr van Essen ist Mitglied des Verteidigungsausschusses. Ich informiere ihn, wir haben ein nettes Gespräch und einen netten Abend. Er marschiert mit Soldaten des Artilleriebataillons und erfüllt wieder einmal die Bedingungen des Leistungsmarsches. Den Soldaten gefällt dies. Noch mehr gefällt ihnen, daß eine Einladung nach Bonn folgt. Im Sommer kann die Bonn-Reise tatsächlich erfolgen. Ein

Abgeordneter zum Anfassen. Herr van Essen wird mehrfach unser Gast sein. Er wird auch einer unserer ersten Wehrübenden.

Der evangelische Generaldekan Dr. Gramm will uns besuchen. Ich freue mich, habe ich doch eine Vielzahl guter Begegnungen und Gespräche mit ihm haben dürfen. Ich weiß um seine Sorgen um die Militärseelsorge und schätze seine Standhaftigkeit. Ich rufe ihn an, frage, ob er bereit ist, einen Vortrag im Rahmen der Offizier/Unteroffiziersweiterbildung zu halten. Er spricht zum Thema »Soldat, Schutzmann für den Frieden«.

Wir laden die Pastoren der Umgegend zu diesem Vortrag ein. Ungeachtet der Vorbehalte zum Militärseelsorgevertrag nehmen etwa zehn Pastoren am Vortrag teil. In unnachahmlich klarer, einfacher Sprache redet der Generaldekan, macht deutlich, wo der Unterschied zwischen Soldat und Landsknecht liegt, spricht über die vielen Faktoren, die die Schutzfunktion des Staates auch in Zukunft erfordern und warum ein Christ sich dann unter den gegebenen Bedingungen beteiligen kann. Nach dem Vortrag sitzen wir in kleinerem Kreis zusammen. Es entsteht eine lebhafte Diskussion. Der Besuch hinterläßt Eindruck. Kein Zweifel, der Generaldekan hat seinen Anteil, wenn wir die Zusammenarbeit mit unserer Landeskirche stetig verbessern können.

Der Befehlshaber will zum zweitenmal im Rahmen einer Pressereise kommen. Wegen schlechten Wetters, Schnee und Eis wird der Besuch abgesagt. Dennoch steht am Morgen des vorgesehenen Besuchstages ein Reporter des »Spiegel« in meiner Tür. Ihn hat die Absage nicht mehr erreicht. Er bleibt zwei Tage in Eggesin, kommt später noch einmal mehrere Tage mit einem Kollegen wieder. Ich befehle, den Reportern alles zu zeigen, was sie sehen wollen, ermögliche Gespräche mit Soldaten. Sie informieren sich im Standort, sprechen mit vielen Soldaten und Entlassenen. Sie sehen die riesigen Lager für Material, die alten Küchen und die Bemühungen, sie in einen benutzbaren Zustand zu bringen. Sie sehen die ganze Breite in allen Grautönen.

Wird es gelingen, deutlich zu machen, daß es schwarz und weiß hier nicht gibt? Verabschiedung vor unserer Bilderwand im Stabsgebäude. »Nach diesem Besuch wird es uns schwer fallen, einen Bericht zu schreiben, der dem Ductus unserer Zeitung entspricht«, sagt mir einer der beiden Reporter. Enttäuschend genug, es erscheint kein Bericht. Ähnlich geht es uns später mit Reportern des »Stern«. Ist es tatsächlich so, daß nur schlechte Nachrichten gute Nachrichten sind? Wir entschließen uns jedenfalls, die Anmerkung des Spiegel-Reporters als Kompliment und auch die nicht erschienenen Berichte als Ergebnisse guter Pressearbeit aufzufassen.

Zu einem anderen Zeitpunkt findet dann die Pressereise doch noch statt. Etwa 50 Journalisten, dabei einige Bekannte, fallen bei uns ein. Es wird ein guter Besuch und das Presseecho ist überaus positiv. Großen Eindruck hinterläßt ein Raum der alten Küche in Drögeheide, Tropfsteinhöhle genannt – und dies nicht umsonst. Wir verbergen nicht, wo wir noch schwach sind, aber wir können auch stolz unsere Fortschritte zeigen. Wir demonstrieren mit einer Ausbildung am Schützenpanzer BMP, daß wir auf dem Wege zur Normalität sind.

Der stellvertretende Leiter der Abteilung Personal ist in Eggesin. Nach dem Lagevortrag ist eine Gesprächsrunde mit Offizieren vorgesehen. Einige Offiziere sind gebeten worden, über ihre Situation vorzutragen. Sie tun es mit bemerkenswerter Eloquenz. Sie erzählen vom Leben am Standort, vom Verhältnis zu den entlassenen Kameraden, vom Leben in den Wohnsiedlungen, von den Eindrücken über das Leben und den Dienst in der Bundeswehr. Sie tun es sachlich, ohne zu jammern aber mit großer Eindringlichkeit. Sie machen deutlich, wo sie im Moment stehen und zeigen ihre Bereitschaft und Fähigkeit, an den gemeinsamen Streitkräften mitzubauen. Ich freue mich über das Auftreten meiner Kameraden. Eine lange Diskussion entbrennt. Es ist offensichtlich, der General ist beeindruckt. Er scheidet mit der Gewißheit, daß es sich auch für die Bundeswehr lohnt, unseren Kameraden eine faire Chance einzuräumen.

Nun ist schon ein Jahr seit der Vereinigung vergangen. Ein Besucher hat sich angesagt, auf den ich besonders gespannt und stolz bin. Es ist der Landesbischof der Pommerschen Kirche, Herr Eduard Berger.

Die Kontakte mit der Kirche gehen auf den Oktober 1990 zurück und haben sich stetig verbessert. Pfarrer halten Standortgottesdienste, die sehr unterschiedlich besucht werden. Der Superintendent des Kreises Ückermünde hat zu einer regelmäßigen Gesprächsrunde eingeladen, die sich monatlich trifft und über ethische Fragen und andere Themen, z. B. Ausländerfeindlichkeit, diskutiert. Das Kommen des Bischofs, bei meinem Besuch in Greifswald angeboten, ist der Höhepunkt dieser Entwicklung. Der Bischof, so deute ich den Besuch, will sich informieren, aber auch deutlich machen, daß die Ablehnung des Militärseelsorgevertrages Hand in Hand gehen kann mit konkreten Bemühungen um die Menschen in der Bundeswehr.

Wir treffen uns zu mehreren Gesprächsrunden. Wieder einmal zeigt sich, daß die Bäume nicht in den Himmel wachsen. Ein Oberleutnant beklagt die Arroganz mancher Offiziere aus dem Westen. Von den »Herren aus dem Westen« spricht er. Ob er recht oder unrecht hat, ist letztlich gleichgültig. Seine Empfindungen zählen, und wir müssen sie ernst nehmen. Da hilft es auch nicht, daß dieser Oberleutnant nicht aus unserem Befehlsbereich kommt. Wie hoch mag die Zahl derer sein, die durch unbedachte Äußerungen verletzt werden?

Der Bischof spricht mit Rekruten. Es entspinnt sich ein offenes kritisches Gespräch. Wer Ohren hat, hört und in dieser Lage nicht zum erstenmal: Es gibt einen sehr, sehr hohen Erklärungsbedarf. Zweifel am Sinn des Wehrdienstes werden in die Streitkräfte mitgebracht, glücklicherweise werden sie offen artikuliert, jedenfalls dort, wo ein offenes Klima herrscht. Die Soldaten führen eine bewegte Diskussion mit dem Bischof, der selbst Wehrdienstverweigerer war und im Gefängnis saß. Umso mehr akzeptiere ich seine Bereitschaft, der Bundeswehr als Gesprächspartner zur Verfügung zu stehen. Er setzt damit auch ein Zeichen nach innen und außen, von dem ich nur hoffen kann, daß es verstanden wird. (Siehe dazu auch Anhang S. 188 ff.).

Auf dem Weg zur Einheit. Gedanken nach einem Jahr.

Oberstleutnant Marschner,
ehemaliger Divisionskommandeur der 9. Panzerdivision

Den ersten Jahrestag der deutschen Einheit und die davor liegenden Wochen nahm ich wiederholt zum Anlaß, die damaligen Ereignisse gedanklich aufzuarbeiten und auch immer wieder die Frage nach der eigenen Schuld mit den nach der Herstellung der deutschen Einheit neuen Erkenntnissen über die bis dahin auch mir nicht bekannt gewesenen Verbrechen des SED-Regimes einerseits und erste praktische Ergebnisse des Zusammenwachsens beider Armeen und Staaten andererseits neu aufzuwerfen und zu beantworten.

Verschiedene eigene Argumente, vor dem 3.10.1990 mit meinem damaligen Kenntnisstand formuliert, habe ich revidiert, andere hingegen haben sich bestätigt. So war dieses erste Jahr der deutschen Einheit ein Jahr des ständigen Lernens, der zweifelsohne schmerzlichen Aufarbeitung der Geschichte der ehemaligen DDR und des eigenen Beitrages dazu sowie ein Jahr des Suchens nach einem möglichen Platz im vereinten Deutschland, der der Vergangenheit angemessen ist und trotzdem ein klein wenig Freude und Stolz über das Leben in diesem vereinten Deutschland aufkommen läßt.

Zu den Argumenten, die ich revidieren mußte, gehörte u. a., daß die geforderte hohe Kampfkraft und Gefechtsbereitschaft der ehemaligen NVA mitentscheidend war für die Friedenssicherung in Mitteleuropa, an der Nahtstelle zwischen Ost und West. Wir stellten unseren Dienst als friedenerhaltend genauso dar wie der Soldat der Bundeswehr. Es ist beschämend für mich, nicht gewußt zu haben, welche Kräftekonstellation sich da besonders an Sonn- und Feiertagen gegenüberstand und schon davon ausgehend nicht real informiert zu sein, wer tatsächlich friedenserhaltend wirkte. Dieses war aber auch nur deshalb möglich, weil Gehorsam, Unterordnung und das strikte Befolgen von Verboten entscheidender »gefördert« wurden als die Kreativität, schöpferische Streitbarkeit, wo das Bestreben nach allseitiger Information in der Regel nur erlaubt war und gefördert wurde, wenn es um die Verbesserung der Kenntnisse über Festlegungen der Partei- und Staatsführung oder die »positive« Entwicklung des Sozialismus ging.

Leider kommt diese Erkenntnis für mich wie für die Mehrzahl ehemaliger NVA-Angehöriger zu spät. Die vielen Entbehrungen persönlich und für die gesamte Familie kann ich nicht nachholen. Ich kann und möchte es aber aucht nicht als Fakt benutzen, um den Versuch unternehmen zu wollen, jegliche Mitverantwortung für das gescheiterte SED-Regime zu negieren.

Im Ergebnis meiner Erfahrungen und Erkenntisse, die ich dazu im Jahre 1 nach der deutschen Einheit gemacht habe, bin ich deshalb zu der Meinung gelangt, daß es nicht möglich ist, den Dienst in der Bundeswehr und der ehemaligen NVA gleichermaßen als friedenserhaltend darzustellen. Der friedenerhaltende Charakter des Dienstes in der Bundeswehr ist erwiesen. Für die Aufgabenerfüllung in der ehemaligen NVA würde ich anstelle friedenserhaltend das Wort »systemerhaltend« einsetzen. Das trifft meines Erachtens eher den Kern der Sache.

Dieses erkennend und anerkennend war es mir möglich, meinen Schuldanteil besser zu begreifen und auch das Emotionale des Schuldbekenntnisses persönlich stärker zu fühlen. Ich habe verstanden, daß man bei der Schuldfrage nicht solche Phrasen darlegen kann, wie: »Ich habe eigentlich keine Schuld, denn ich führte nur Befehle aus, habe niemals einen Schießbefehl gegeben oder gar einen Menschen getötet.« Tatsache ist, daß ich, wie jeder andere Berufssoldat der ehemaligen NVA, durch die Ausübung meines Berufes Träger und Stütze eines Staates war, der sich als undemokratisch, diktatorisch und ökonomisch uneffektiv erwiesen hat und deshalb durch den Willen des Volkes beseitigt wurde. Von dieser moralischen Verantwortung befreit weder der friedliche Charakter des gesellschaftlichen Wandels noch die Tatsache, daß die ehemalige 9. Panzerdivision in dieser Zeit ein Faktor der Ruhe im Kreis Ückermünde war.

Demgegenüber gibt es aber auch viele Erkenntnisse, die, wie vor einem Jahr erlebt, sich bis heute bewahrheitet haben. Dazu zähle ich auf alle Fälle die Art und Weise, wie ich nach dem 3. 10. 1990 behandelt wurde.

Die breite Vielfalt der Meinungen, von verschiedenen Persönlichkeiten in Presse, Funk und Fernsehen geäußert, war für mich nicht angetan, dem 3. 10. 1990 optimistisch und mit Freude entgegenzusehen. In dieser Zeit der Ungewißheit nahm auch ich stärker die Äußerungen auf, die letztendlich immer damit endeten, daß die Berufssoldaten der ehemaligen NVA als Mitträger des SED-Regimes am besten alle entlassen werden sollten. Den zweifelsohne schon vorhandenen Stimmen, die Sachlichkeit, Toleranz, Feinfühligkeit aber auch Offenheit im zukünftigen Miteinander voraussagten, schenkte auch ich nicht die entsprechende Bedeutung.

Ich kann jedoch heute mit Erleichterung feststellen, daß meine Erkenntnisse von der ersten Kontaktaufnahme an ihre

Gültigkeit nicht verloren haben. Sachlichkeit, Toleranz, Feinfühligkeit und Offenheit waren Charaktermerkmale der Mehrzahl aller aus den alten Bundesländern zukommandierten Soldaten. Sie haben mir sehr geholfen, die ersten Schritte im vereinten Deutschland sicherer und optimistischer zu gehen. Gleichzeitig war es wohltuend, die für ehemalige NVA-Angehörige neue freiheitlich-demokratische Grundordnung vom ersten Tag an am eigenen Leib zu erfahren.

Perspektiven

Brigadegeneral von Kirchbach

Der Bundespräsident hat der Bundeswehr bescheinigt, auf einem guten Weg zu sein. Darüber dürfen wir uns freuen, auch wenn wir dabei nicht vergessen, daß wir bei weitem nicht am Ziel sind, sondern den Weg erst begonnen haben. Wir haben die ersten Meter in guter Zeit zurückgelegt, der größte Teil der Strecke liegt noch vor uns. Dennoch, wir haben auch gesehen, die Aufgabe ist zu bewältigen. Wir können eine Bundeswehr aufbauen und selbst einen Beitrag zur Vereinigung leisten.

Wir müssen uns um gegenseitiges Verständnis bemühen.
40 Jahre sind eine lange Zeit. In dieser langen Zeit haben sich nicht nur die Lebensgewohnheiten, sondern auch die Denkmuster verschieden entwickelt. Wer aus dem Westen in den neuen Bundesländern Dienst leistet, muß Bereitschaft mitbringen, zuzuhören, was war, muß versuchen, es zu verstehen. Jahrelange Erziehung, die in erster Linie auf die korrekte Ausführung von Befehlen ausgerichtet war, läßt sich nicht in einem Zug korrigieren. Ein Wertsystem, das

einem von Jugend an vertraut war, in dem man lebte und sich bewegte, von dem man bis auf die Zweifel der letzten Jahre überzeugt war, läßt sich nicht über Nacht durch ein anderes ersetzen.

Gleiches gilt in der anderen Richtung. Wer im Osten aufgewachsen ist, sollte nicht allzu leicht auf Besserwisserei schließen, wenn der aus dem Westen kommende Kamerad, der eine andere Art der Auffassung von Initiative vertritt und durchsetzen muß, Schwierigkeiten hat, sich an vieles zu gewöhnen, manchmal allzu leichtfertig urteilt. Verständnis kann durch eine Vielzahl von Begegnungen unterstützt werden. Jede Kommandierung in den Westen erleichtert das Verständnis für die gemeinsame Aufgabe. Jeder Besuch im Osten, der im ehrlichen Bemühen durchgeführt wird, zu lernen, zu diskutieren, zu verstehen und dem es nicht um die Bestätigung von Vorurteilen geht, ist wertvoll und dient der gemeinsamen Sache.

Wir müssen auf Prozesse setzen. In den letzten Jahren sind Weltbilder zerbrochen, die Trümmer liegen ungeordnet am Boden. Vieles, was überrascht und als störend empfunden wird, ist hier durchaus zu erklären. Dazu kommt die Sorge um die persönliche Zukunft, die Neuorientierung ist unverzichtbar. Sie kann sich nicht in der Eingewöhnung in neue Lebens- und dienstliche Verhältnisse erschöpfen, sondern muß und wird letztendlich das ganze Weltbild und Wertesystem erfassen.

Dies ist kein schnell und mühelos ablaufender Vorgang. Es ist ein Prozeß und kann nur als solcher gesehen und erfaßt werden. Prozesse kosten Zeit. Sie laufen bei jedem verschieden, und nicht in jedem Falle kann der Ausgang vorhergesehen werden. Sicher ist, daß jeder aus dem Prozeß anders herauskommen wird, als er hineingegangen ist. Sicher ist auch, daß jeder, der aus dem Westen kommt und sich an diesem Prozeß beteiligt, sich und seine Auffassungen ändern wird und muß. Mitgebrachte und angelesene Urteile zählen wenig und halten der Erfahrung vor Ort nicht stand. Wir haben vor allem erfahren, daß alle Verallgemeinerungen nichts taugen. Im Kontakt mit den Menschen finden wir, wie im Westen, sympathische und weniger sympathische, leistungsfähige und weniger leistungsfähige, offene und verschlossene, gesprächsbereite und andere, die sich dem Dialog entziehen. Wer genau beobachtet, stellt Veränderungen fest. Mancher, der zurückhaltend wirkt, kommt aus der Reserve, mancher entdeckt Freude an neuer und ungewohnter Verantwortung. Bei Diskussionen artikulieren sich Offiziere eindrucksvoll und stellen dar, wo ihr augenblicklicher Standort auf dem Wege zu neuen Gemeinsamkeiten ist. Mancher Offizier aus dem Westen kommt zu neuen Einsichten, verändert sich und seine Meinung und wird so ein glaubwürdiger Gesprächspartner für seine Kameraden aus dem Osten.

Wir müssen Zeit haben. Prozesse kosten Zeit. Es geht nicht an, einerseits über Wendehälse zu reden, andererseits allzu ungeduldig zu sein und zu schnelle Änderungen sofort zu erwarten. Wohlgemerkt, es geht dabei nicht darum, mit der Behandlung der jungen Soldaten nach den Grundsätzen der Inneren Führung zu warten. Hier ist schnellstes Handeln am Platz und gefordert. Es gilt aber, nicht enttäuscht zu sein, wenn nicht sofort politische Neuorientierungen erfolgen, wenn Neuorientierung sich zunächst in Zurückhaltung bis zur Wahlenthaltung äußert, wenn Kontakte zu anderen gesellschaftlichen Gruppen, wo dies bislang weder erwünscht noch erlaubt war, nur zaghaft angenommen werden. Es gilt Zeit zuzugestehen für die Neuorientierung, Druck zu vermeiden, so daß eine Orientierung, die das intensive Befassen mit verschiedenen Meinungen voraussetzt, in eigener Verantwortung erfolgen kann.

Die Neuorientierung ist möglich, und der Prozeß hat begonnen. Jeder hat Gesprächspartner, die er vorher nicht hatte, jeder hat Informationen, die er vorher nicht hatte, jeder hat Freiheiten, die er vorher nicht hatte; auf dieser Basis ist das Finden neuer Wege möglich, wenn wir dem Prozeß Zeit geben. Aktive Hilfe der aus dem Westen kommenden Kameraden ist natürlich möglich und notwendig. Dies heißt, ohne Besserwisserei als Partner zum Dialog zur Verfügung zu stehen.

Versetzungen müssen in beiden Richtungen erfolgen.

Die Eingliederung der ehemaligen NVA in die Bundeswehr erfolgte wesentlich durch Übernahme der wichtigsten Führungspositionen bis zur Ebene Bataillon durch Bundeswehroffiziere. Dies war in der Situation des Jahresendes 1990 geboten und hat sich bewährt. Es kam auch Befürchtungen aus dem Westen entgegen, aus der NVA stammende Vorgesetzte könnten als Führer mit Soldaten aus dem Westen Probleme haben. Dennoch gab es vom ersten Moment an Situationen, in denen Soldaten aus der ehemaligen NVA Vorgesetzte von Soldaten aus der Bundeswehr wurden. Auch heute ist dies auf der Ebene der Kompanie ein gewohntes Bild. Die Mehrzahl der Kompaniechefs und Batteriechefs im Osten sind Soldaten, die aus der ehemaligen NVA kommen. Fast alle von ihnen führen auch Unteroffiziere, die aus dem Westen in den Osten versetzt wurden. Nach einer Zeit der Gewöhnung erwies sich dies als unproblematisch. Auch Rekruten begegneten den aus der NVA kommenden Vorgesetzten zunächst oft mit Mißtrauen. Dieser Zustand hielt nicht lange an. Rekruten merken schnell, daß es in erster Linie auf die Person und charakterliche Qualitäten ankommt und nicht so sehr auf die Herkunft. Auch im Westen wird dies schnell gelernt werden. Wollen wir **eine** Bundeswehr, dürfen Versetzungen keine Einbahnstraße bleiben. Unmittelbar nachdem die endgültigen Übernahmeentscheidungen gefallen sind, sollten Soldaten, die aus der ehemaligen NVA kommen, Führungspositionen im Westen bis zur Führungsebene des Bataillons übernehmen. Viele von ihnen sind dafür geeignet und trauen sich dies, ermutigt durch positive Erlebnisse im Zusammenhang mit der Ausbildung im Westen auch zu. Es darf nicht lange dauern, daß Versetzungen von Eggesin nach Hamburg oder Lüneburg genauso selbstverständlich werden, wie heute Versetzungen von Münster nach Koblenz oder umgekehrt. Zulagen für Versetzungen in den Osten sollte es dann nicht mehr geben, allenfalls großzügige Regelungen zur Erleichterung einer notwendigen Trennung. Wir werden erst dann **eine** Bundeswehr haben, wenn es zumindest im Offizierskorps, in Ansätzen auch im Unteroffizierskorps, zu einem Blutaustausch kommt und wenn es keine Rolle mehr spielt, wo ein Soldat herkommt. Was in Zukunft zählen darf, sind ausschließlich Charakter und Leistung.

Ein neues Verhältnis zur Öffentlichkeit ist geboten.
Das Verhältnis der NVA zur Öffentlichkeit war von tiefgreifender Sprachlosigkeit gekennzeichnet. Es ist für die Vertreter der Öffentlichkeit eine neue Erfahrung, Soldaten zu begegnen, die bemüht sind, die Belange der Öffentlichkeit und der Bürger in ihre Entscheidungen einzubeziehen, ihre Tore öffnen, sich bemühen, jederzeit ansprechbar zu sein. Kirchen und Pfarrer sind bereit, die Kluft zur Bundeswehr, die Sprachlosigkeit hin zur ehemaligen NVA zu überwinden, als Partner im Dialog zur Verfügung zu stehen, wenn die Bundeswehr ihrerseits bereit ist, die Geschichte der Kirche in ihren Entscheidungen und Angeboten zu berücksichtigen. Kontakte zur Universität Greifswald beweisen, daß auch hier ein neues Verhältnis möglich ist. Es kann nicht das Ziel sein, westliche Verhältnisse herzustellen. Dieses Ziel wäre in einer Umgebung, in der zur Zeit alle Positionen neu bestimmt werden, zu bescheiden gesteckt. Ziel muß es sein, ein Höchstmaß an Kooperation zwischen allen, die in der Gesellschaft Verantwortung tragen, zu erreichen. Ziel der Bundeswehr muß es sein, sich gegenüber allen Achtung und Respekt zu erwerben, um als Gesprächspartner ernst genommen zu werden.

Wir müssen die neuen Probleme der Inneren Führung lösen. Neue Probleme der Inneren Führung zeichnen sich ab. Bei Gesprächen mit jungen Rekruten werden sie mit beklemmender Deutlichkeit sichtbar. Der Frage nach dem Sinn weichen wir auch im Osten nicht aus. Wir werden gefragt, und wir müssen antworten. Ist es wirklich so schwer zu vermitteln, warum ein souveräner Staat Streitkräfte braucht? Macht nicht die Situation im Osten Europas deutlich, wie schnell sich die politische Lage ändern kann? Ist es so schwer zu begreifen, daß Friede und Freiheit zusammengehören und geschützt werden müssen, und daß man dazu kein Feindbild braucht? Die Politik ist gefragt, aber auch wir müssen mit unseren jungen Leuten im ständigen Dialog stehen.

Das Problem der Ausländerfeindlichkeit ist auch ein Problem der Bundeswehr. Manche dumpfe undurchdachte Äußerung bekommt man auch in der Bundeswehr zu hören. Rückzug und Ausweichen helfen nicht, die Vorgesetzten müssen Farbe bekennen und ungeachtet verschiedener Meinungen über die Lösung der politischen Fragestellungen klar machen, daß Gewalt kein legitimes Mittel politischer Meinungsäußerung sein kann und daß Menschen, die aus den verschiedensten Gründen in unserem Lande leben, Anspruch darauf haben, nach der Rechts- und Werteordnung des Grundgesetzes behandelt zu werden.

Die Truppenteile an der Grenze können durch die Kontaktaufnahme mit jungen polnischen Soldaten beispielgebend für die gesamte Bundeswehr wirken, unmittelbare Kontakte über die Grenze, aber auch mit Fremden, die in unserem Lande leben, machen es leichter, Vorurteile zu überwinden.

Das EK-System ist eine vielköpfige Hydra, deren nachwachsende Köpfe wir immer wieder abschlagen müssen. Zwar ist es glücklicherweise gelungen, die Auswüchse zu beseitigen, aber es gilt neuen Anfängen zu wehren. Belästigung von jungen Soldaten durch die älteren Kameraden ist kein Kavaliersdelikt, sondern oft der Anfang von etwas Schlimmerem. Die Dienstaufsicht nach Dienst ist von großer Bedeutung. Der

Dialog nach Dienst wird intensiver, der persönliche Kontakt besser. Im in- und außerdienstlichen Dialog werben wir um Vertrauen. Ausschreitungen werden allein durch die Anwesenheit lebenserfahrener Vorgesetzter von vornherein vermieden oder im Ansatz erstickt. Allerdings benötigt man dazu im Osten wie im Westen Vorgesetzte, denen persönlicher Kontakt zu ihren Soldaten ein inneres Anliegen ist und die nicht in jeder Lage mit dem Dienstausgleichserlaß winken.

Die Disziplin muß noch besser werden. Gleichgültigkeit, die vermutlich aus der Unsicherheit der Wende und der Unsicherheit über die künftige Entwicklung resultiert, muß entgegengewirkt werden. Dazu bedarf es auch künftig der Hilfeleistung im persönlichen Bereich, aber auch des energischen Durchgreifens und notfalls des Erzwingens der korrekten Auftragserfüllung. Vorgesetzten, die aus dem Stadium der Lethargie nicht herauskommen, werden wir klarmachen müssen, daß sie keine Zukunft in der Bundeswehr haben. Soldaten aus dem Westen, die die Besonderheit ihrer Aufgabe nicht erkennen, müssen wir zurückschicken. Wer aber in der schwierigen Lage sich in besonderer Weise bewährt, muß eine Chance zum persönlichen Aufstieg haben.

40 Jahre NVA begründen keine Tradition, sind aber Geschichte. Die ehemalige Nationale Volksarmee kann als Armee einer Partei keine Tradition begründen. Aber sie ist ein Teil unserer Geschichte, der nicht wegdiskutiert werden kann und sollte. Die Grundentscheidung ist gefallen, die gesamtdeutschen Streitkräfte zusammen mit Soldaten aufzubauen, die in der NVA gedient haben. Sie werden und sollen ihre Herkunft nicht verleugnen. Die NVA wurde als professionell tüchtige Armee anerkannt. Professionelle Tüchtigkeit kann als Erbe in gesamtdeutsche Streitkräfte eingebracht werden. Die NVA hat in ihrer Geschichte in einer Vielzahl von Fällen Hilfe im zivilen Bereich geleistet, sie leistete Hilfe in der Produktion. Auch dies darf als positive Leistung in den gesamtdeutschen Streitkräften nicht vergessen werden.

Schon heute sollte damit angefangen werden, die Geschichte der NVA und ihrer Großverbände festzuhalten. In wenigen Jahren wird es sehr schwer werden, festzustellen, was war. Alles was war, ist aber Teil unserer Geschichte. Soldaten der ehemaligen NVA haben intensiv am Gelingen des Übergangs mitgewirkt. Viele von ihnen haben sich ungeachtet der Schwierigkeiten bei der persönlichen Neuorientierung von Anfang an an der Arbeit der Aufstellung verläßlicher Verbände der Bundeswehr beteiligt. Mit weniger als zehn Prozent der Vorgesetzten, die aus den alten Bundesländern zuversetzt wurden, hätte die Arbeit allein nicht gelingen können. Niemals dürfen wir nun zulassen, daß das Gefühl aufkommen kann: »Der Mohr hat seine Schuldigkeit getan, der Mohr kann gehen«. Wer hier sich bewährt hat, muß seine faire Chance haben.

Wir sollten nicht Traditionen aufgelöster Westverbände in den Osten übertragen. Dies wäre künstlich. Die Traditionen von Westverbänden sollten im Westen dort fortgeführt werden, wo der regionale Bezug gegeben ist. Für die Heimatschutzbrigade 41 muß klar bleiben, daß sie aus der 9. Panzerdivision hervorgegangen ist. Dies begründet keine Tradition, ist aber Geschichte. Verdrängung dieser Geschichte wäre grundfalsch. Die Beteiligung von Soldaten der 9. Panzerdivision beim Abbau der Berliner Mauer kann ein Beginn einer neuen, besseren Tradition werden.

Dialog, Vertrauen, Disziplin. Der Anfang der neuen Bundeswehr ist gelungen. Die Soldaten der ehemaligen NVA werden nach den Regeln der Bundeswehr und ihrem bewährten Rechtssystem leben und das System der Inneren Führung annehmen. Sie werden erkennen, warum die NVA als Werkzeug einer Partei keine Zukunft haben konnte. Sie werden verläßliche Soldaten der Demokratie sein.

Dialog der Soldaten untereinander, Dialog der Soldaten mit der Öffentlichkeit, der Erwerb und das Schaffen von Vertrauen zueinander, Herstellung und Erhalten von Disziplin, die mehr ist als die korrekte Erfüllung von Aufträgen waren die Schlüssel zum bisherigen Erfolg und bleiben die Aufgaben der Zukunft.

Arbeiten wir konsequent in diesem Sinne weiter, haben wir eine Chance, Streitkräfte im Osten aufzubauen, die mehr sind als eine schlechte Kopie der Bundeswehr West. Vielleicht gelingt es sogar, einige Fehlentwicklungen wie Wehleidigkeit und ausufernde Bürokratie vom Osten her zu korrigieren. In jedem Falle haben wir die befreiende Wirkung des Handelns mit Auftrag neu entdeckt. Wir werden die gesamtdeutschen Streitkräfte der Zukunft gemeinsam aufbauen und auf diese Weise auch unseren ganz persönlichen Beitrag zur Gestaltung der Einheit leisten, der Einheit im Handeln, im Verstehen und im Vertrauen.

Nachsatz

Brigadegeneral von Kirchbach

Ich habe Dank abzustatten. Dieser Dank gilt meinen engsten Mitarbeitern, die mich in den Osten begleitet haben und ohne die nichts zu bewältigen gewesen wäre, den Freiwilligen der ersten Stunde. Alle waren mit Aufgaben befaßt, die weit jenseits der normalen Anforderungen angesiedelt waren und haben sich glänzend bewährt.

Major i.G. (jetzt Oberstleutnant) Meyers, der sich in seiner zweiten Generalstabsverwendung mit der Aufgabe konfrontiert sah, Chef eines Divisionsstabes mit ca. 100 Offizieren zu sein, die Umgliederung zu steuern und dies für einen Kommandeur, der nur selten im Stabe zu finden war.

Oberstleutnant Vogt, der als G 1 nach einem Jahr festellen konnte, daß unser Einsatz für unsere Soldaten die höchsten Übernahmequoten im Bundeswehrkommando eingebracht hatte.

Oberstleutnant i.G. Hoops, der als G 4 nicht nur die Umstellung der Materialwirtschaft zu bewältigen hatte, sondern noch vieles tat, um die Werte der Demokratie einsichtig zu machen.

Oberleutnant (jetzt Hauptmann) Wasgindt, der als mein Adjutant über seine eigentlichen Aufgaben weit hinaus Ratgeber war, meine Launen geduldig ertragen und die Idee für dieses Buch mitentwickelt hat.

Hauptgefreiter Brähler, mein Fahrer, der mich aus Koblenz begleitet hat und neben seiner eigentlichen Aufgabe beim Aufbau einer Pfadfindergruppe Hilfe geleistet hat.

Die Offiziere und Unteroffiziere, die aus dem Bereich des III. Korps in den Divisionsstab nach Eggesin folgten und hervorragende Arbeit leisteten.

Frau Töpfer, die mich von Anfang an unterstützte und dieses Buch in unermüdlichem Einsatz geschrieben hat.

Die Kommandeure der Verbände und ihre Mitarbeiter, die die Hauptarbeit vor Ort zu leisten hatten und mit Mut und Einsatzbereitschaft darangingen, die Lebensbedingungen zu verbessern.

Die Chefs, die die Last der Umstellung zu bewältigen hatten, denen die Soldaten anvertraut waren, die selbst lernen mußten und gleichzeitig die ihnen anvertrauten Soldaten nach den Grundsätzen der Inneren Führung führen und ausbilden mußten.

Die Kompaniefeldwebel, die die neue Dimension ihrer Aufgaben erfassen mußten.

Die Soldaten aus den Unterstützungskommandos, die ihre neuen Kameraden aus dem Osten anzuleiten und selbst ein hohes Maß an Verantwortung zu übernehmen hatten.

Die wehrpflichtigen Soldaten, die mit Geduld die Schwierigkeiten der ersten Monate zu ertragen hatten und mit Wachdienst hart belastet werden mußten.

Alle ungenannten Soldaten und Zivilbediensteten, die mit besonderer Einsatzbereitschaft und menschlichem Aufeinanderzugehen zum Erfolg beigetragen haben.

Die 3. Panzerdivision, die mit hervorragender personeller und materieller Unterstützung, die noch immer andauert, zum dienstlichen Erfolg und menschlichen Miteinander beigetragen hat.

Unsere Partner im zivilen Berich, die die ausgestreckte Hand annahmen und selbst die Hand zur neuen Bundeswehr ausstreckten.

Vorgesetzte Dienststellen, von denen große Handlungsfreiheit gewährt wurde und die auch bei ungewöhnlichen und unbürokratischen Anträgen schnelle Hilfe leisteten.

Es wurde viel geleistet, aber es bleibt auch noch viel zu tun, es gibt Anlaß zum Optimismus, wir werden die Einheit der Streitkräfte erfolgreich vollziehen.

Abkürzungsverzeichnis

A

ABC	atomar, biologisch, chemisch
Abt	Abteilung
AdmSt	Admiralstab
App	Apparat
Art	Artillerie
ArtRgt	Artillerieregiment
ATB	Ausbildungs- und Tätigkeitsbezeichnung (militärische Qualifizierung)
AufklBtl	Aufklärungsbataillon

B

BCha	Bataillon Chemische Abwehr
BFD	Berufsförderungsdienst
BMP	Schützenpanzer
BMVG	Bundesministerium für Verteidigung
BrigIng	Brigadeingenieur
BtlMatSichst	Bataillon materielle Sicherstellung
Btl	Bataillon
Bw	Bundeswehr
BwKdo Ost	Bundeswehrkommando Ost
BwKennz	Bundeswehrkennzahl

C

ChdSt	Chef des Stabes

D

DDR	Deutsche Demokratische Republik
DGB	Deutscher Gewerkschaftsbund
DivKdr	Divisionskommandeur

E

EDV	Elektronische Datenverarbeitung
EK	Entlassungskandidat
ElMO	Elektromotorenwerk

F

Fla	Fliegerabwehr
FmBtl	Fernmeldebataillon
FmStOffz	Fernmeldestabsoffizier
FÜAK	Führungsakademie
FÜH	Führungsstab des Heeres
Fw	Feldwebel

G

G1	Generalstabsabteilung 1 (Personal, Innere Führung)
G2	Generalstabsabteilung 2 (militärische Sicherheit, Aufklärung)
G3	Generalstabsabteilung 3 (Ausbildung, Organisation, Einsatz)
G4	Generalstabsabteilung 4 (Logistik)
G6	Generalstabsabteilung 6 (Führungssysteme)
G3 op 2	Generalstabsoffizier für operative Aufgaben in der Abteilung G3
GenLtn	Generalleutnant
GenSt	Generalstab
GUvD	Gehilfe des Unteroffiziers vom Dienst

H

(H)	Heer
HG	Hauptgefreiter
HO	Handelsorganisation
Hptm	Hauptmann

I

i.G.	im Generalstabsdienst
InstBtl	Instandsetzungsbataillon

K

KdL	Kontrolldurchlaß (-Wache)
Kfz	Kraftfahrzeug
KPdSU	Kommunistische Partei der Sowjetunion
KpFw	Kompaniefeldwebel
KWEA	Kreiswehrersatzamt

L

LPG	Landwirtschaftliche Produktionsgenossenschaft

M

M	Major
MAD	Militärischer Abschirmdienst
MB	Militärbezirk
MechDiv	Mechanisierte Division
MfS	Ministerium für Staatssicherheit
MotSchtzRgt	motorisiertes Schützenregiment
MR	Ministerialrat

N

NaBtl	Nachschubbataillon
NSchStOffz	Nachschubstabsoffizier
NATO	North Atlantic Treaty Organization
NVA	Nationale Volksarmee

O

OA	Offiziersanwärter
Offz	Offizier
OFw	Oberfeldwebel
Olt	Oberleutnant
OSH	Offizierschule des Heeres

OTL	Oberstleutnant
OvD	Offizier vom Dienst
OvWa	Offizier vom Wachdienst

P

P III	BMVg Abteilung Personal III
PDS	Partei des Demokratischen Sozialismus
PF	Postfach
P-Stelle	Personalbearbeitende Stelle
Polit	Stellvertreter des Kommandeurs für politische Arbeit oder Politschulung
Politoffizier	Offizier für politische Arbeit
Prof	Professor
PiBtl	Pionierbataillon
PiKdo	Pionierkommando
PzArtBtl	Panzerartilleriebataillon
PzBrig	Panzerbrigade
PzBtl	Panzerbataillon
PzDiv	Panzerdivision
PzGrenBrig	Panzergrenadierbrigade
PzGrenDiv	Panzergrenadierdivision
PzRgt	Panzerregiment

R

RMV	Radio Mecklenburg-Vorpommern
ROA	Reserveoffiziersanwärter
RR	Regierungsrat

S

S1	Stabsabteilung 1	
S2	Stabsabteilung 2	siehe G1 – G4
S3	Stabsabteilung 3	
S4	Stabsabteilung 4	
SaZ	Soldat auf Zeit	
SanBtl	Sanitätsbataillon	
SED	Sozialistische Einheitspartei Deutschlands	

STAN	Stärke- und Ausrüstungsnachweisung
Stasi	Staatssicherheit
stellv	stellvertretende(r)
StKRD	Stellvertreter des Kommandeurs für Rückwärtige Dienste
StKTB	Stellvertreter des Kommandeurs für Technik und Bewaffnung
StOffz	Stabsoffizier
StOV	Standortverwaltung
StUffz	Stabsunteroffizier

T

TV	Television

U

UA	Unteroffiziersanwärter
UAL	Unterabteilungsleiter
Ufw	Unterfeldwebel
Uffz (o.P./m.P.)	Unteroffizier (ohne/mit Portepee)
UNO	United Nations Organization
UvD	Unteroffizier vom Dienst

V

VEBEG	Verwertungsgesellschaft für Eigentum des Bundes e.G.

W

WB	Wehrbereich
WBK	Wehrbereichskommando
WGT	Westgruppe der sowjetischen Streitkräfte

Anhang

Brief aus Dresden

Volker Haß
Brünner Str. 1
8021 Dresden

Dresden, den
28.05.1990

An Oberst Hans Peter von Kirchbach
Niederberger Höhe 1
5400 Koblenz

Sehr geehrter Herr Oberst!

Mit unserem Brief möchten wir auf Ihre Einladung zurückkommen, welche Sie uns in Dresden vor der Egon-Dreger-Kaserne ausgesprochen haben. Bitte schlagen Sie uns entsprechende Termine vor. Wir ersuchen Sie, an mich eine offizielle »Einladung zum Soldatenaustausch« zu schicken, in der folgende Personen namentlich aufgeführt sind:

Ufw.	Halangk
Ufw.	Haß
Uffz.	Illgen
Uffz.	Weber
Uffz.	Wolf
Uffz.	Wacker
Uffz.	Schirner

Diese Einladung werden wir unserem Kommandeur zur Genehmigung vorlegen.
Wir sind sehr interessiert an einem Besuch bei Ihnen und danken für Ihre Bemühungen.

Mit kameradschaftlichem Gruß

Volker Haß

Stab 9. Panzerdivision Eggesin, den 3.10.1990

Divisionskommandeur		Oberst H. P. von Kirchbach*	PzBrig 15
OrdonnanzOffz		OLt. F. Wasgindt*	PzBrig 15
Kraftfahrer		HG St. Brähler*	PzBrig 15
G 1/	S1StOffz	OTL V. Vogt*	PzBrig 15
	S1Offz	OLt K. Monsieur*	PzBrig 15
	S1Fw	OFw N. Speicher*	PzBrig 15
G 2/	S2Offz	Hptm P. Weber	5. PzDiv
G 3/	ChdSt	M i.G. M. Meyers*	PzGren-Brig 13
	S3Offz	Hptm R. Tillmann	PzBrig 15
	S3Fw	Uffz A. Beysiegel*	PzBrig 15
G 4		M i.G. R. Hoops*	2. PzGrenDiv
	S4Offz	Hptm W. Kerscher	PzGren-Brig 13
	BrigIng	OTL K. Prütting*	PzGren-Brig 14
	NSchStOffz	OTL M. Paul	PzBrig 15
	S4Fw	Fw A. Gonschorowski	PzBrig 15
	S4Fw	StUffz M. Reffgen	PzBrig 15
	S4Fw	StUffz Qualek	PzGren-Brig 14
G 6/	FmStOffz	Major W. Bermbach	FmBtl 5

Die mit * versehenen Soldaten wurden zum 1.4.1991 zur Heimatschutzbrigade 41 versetzt. Alle anderen wurden neuen Verwendungen, einige im Osten, zugeführt oder zum Stammtruppenteil zurückkommandiert.

Die Kommandeure der 9. Panzerdivision nach dem 3.10.1990

DivKdr	Oberst H. P. von Kirchbach	PzBrig 15
PzRgt21	OTL J. Clasen	PzBtl 203
PzRgt 22	OTL G. Luft	Heeresamt
PzBtl	M J. Färber	OSH
MotSchtzRgt 9	OTL K.C. von Stünzner-Kerbe	Heeresamt
ArtRgt 9	OTL H. von Selle	ArtRgt 7
AufklBtl 9	M K. Werren	Heeresamt
PiBtl 9	OTL H.G. Grünebach	PiKdo 1
NaBtl 9	M H. Böhm	FmBtl 130
BtlMatSichst 9	OTL P. Lübeck	VersKdo 8
SanBtl 9	OTL E. Elbe	SanBtl 12
InstBtl 9	OTL R. Damke	InstBtl 3

Taschenkarte zur Selbstkontrolle für Kommandeure, Kompanie- und Batterie-Chefs und als Leitfaden zur Dienstaufsicht

1. Was habe ich zur Verbesserung der Dienst- und Lebensbedingungen getan?
   - Sind die Toiletten und Duscheinrichtungen in einem sauberen und ordnungsgemäßen Zustand?
   - Schmeckt meinen Soldaten das Essen und ist es ausreichend?
   - Was machen meine Soldaten in der Freizeit? Kann ich sie unterstützen?
   - Fühlen sich meine Soldaten in ihren Unterkünften wohl? Was kann man verbessern?
   - Können meine Soldaten am Wochenende, wenn sie dienstfrei haben, nach Hause fahren? Wenn nicht, kann ich helfen?
   - Können meine Soldaten mit ihren Familien telefonieren? Wenn nicht, kann ich helfen?

2. Was habe ich zur Verbesserung der Disziplin getan?
   - Bin ich Vorbild? Sind es meine Offiziere und Unteroffiziere?
   - Kontrolliere ich die Durchführung der erteilten Aufträge?
   - Plane ich die Dienstgestaltung fair?
   - Ist meinen Soldaten die Bedeutung der vorbildlichen Erfüllung des Wachauftrages klar?
   - Welche Stimmungen und Meinungen haben meine Soldaten zum Dienstbetrieb?
     - Wann wurde das letzte Mal eine
     - Anzugskontrolle,
     - Haarschnittskontrolle,
     - Spindkontrolle,

  - Kontrolle der Stuben durchgeführt? War ich dabei?
- Wann habe ich das letzte Mal die Sauberkeit der Kasernenreviere kontrolliert?
- Wann habe ich das letzte Mal abends Zeit für meine Untergebenen gefunden?
- Wann war ich das letzte Mal während der Krankenmeldezeit im San-Bereich?
- Wann habe ich meine Soldaten das letzte Mal bei der Wache überprüft?
- Wann habe ich das letzte Mal mit meinen Soldaten Formalausbildung durchgeführt?

3. Führung der Personalarbeit
   - Was weiß ich von meinen Soldaten?
   - Wann führte ich das letzte Gespräch mit:
     - Vertrauenspersonen,
     - Pfarrer,
     - Kantine,
     - Sozialdienst,
     - Berufsförderungsdienst?
   - Wann führte ich das letzte Mal Beurteilungsgespräche mit Soldaten?
   - Wie arbeite ich mit Lob und Tadel?
   - Gratuliere ich meinen Soldaten zum Geburtstag?
   - Wie lange dauert die Bearbeitung von Anträgen (Urlaub, Versetzung, Verpflichtung etc.)?
   - Ist für ausscheidende SaZ ein Nachfolger eingeplant?
   - Erhalten meine verheirateten Soldaten Unterhaltssicherung?
   - Haben die zur Entlassung anstehenden Soldaten einen Arbeitsplatz?
   - Was wissen meine KpFw, meine Zugführer über die Soldaten?
   - Haben meine Soldaten Probleme, wie z. B. mit Ehefrau oder Freundin, Schulden oder Alkohol?

- Welche Soldaten stehen zur Beförderung an?
- Habe ich mich heute um meine UA, ROA oder OA gekümmert?

4. Ausbildungsplanung und -durchführung
   - Stimmt die Planung mit der Durchführung überein?
   - Waren ich und andere Ausbilder richtig vorbereitet?
   - Waren die materiellen Voraussetzungen für die Ausbildung gegeben?
   - Habe ich den Leistungsstand festgestellt?
   - Habe ich die Kenntnisse und Erfahrungen der Soldaten in der Ausbildung genutzt?
   - Stimmt das Verhältnis von Aufwand und Nutzen in der Dienstplanung und -gestaltung?
   - Wann war ich das letzte Mal zur Dienstaufsicht in Teileinheiten?
   - Habe ich die Ausbildung für morgen und die nächste Woche schon geplant?
   - Wissen meine Soldaten frühzeitig, wann der Dienst ihre Freizeit einschränkt?
   - Ist für alle SaZ die Lehrgangsplanung aktuell?
   - Erreichen meine Soldaten die Ausbildungsziele? Können sie sie erreichen?
   - Wann war der letzte Höhepunkt der Ausbildung? Empfanden die Soldaten das als Höhepunkt?

5. Allgemeine Dienstaufsicht
   - Wann habe ich das letzte Mal die Waffenkammer kontrolliert?
   - Habe ich den technischen Dienst geplant und organisiert?
   - War ich persönlich anwesend und habe ich die befohlenen Appelle durchgeführt?
   - Führen meine Kraftfahrer die technischen Durchsich-

ten vor, während oder nach dem Betrieb durch und wird dies überprüft?

- Werden die Fristenarbeiten ordnungsgemäß geplant und durchgeführt?
- Wird der Fahrbetrieb gemäß ZDv 43/2 durchgeführt?
- Wieso ist das zur Instandsetzung abgegebene Gerät noch nicht wieder einsatzbereit?
- Habe ich den Betrieb im Geschäftszimmer richtig organisiert?

Besucherübersicht

4. 10. 1990	Brigadegeneral Haasler überträgt die Kommandogewalt über die 9. Panzerdivision an Oberst Hans Peter von Kirchbach
16./17. 10. 1990	Der Befehlshaber Bundeswehrkommando Ost, Generalleutnant Schönbohm
23. 10. 1990	Besuch Chef des Stabes III. Korps, Brigadegeneral Hartmut Bagger
24./25. 10. 1990	Truppenbesuch Divisionskommandeur 5. Panzerdivision, Generalmajor Rohde
28. 10. 1990	1.Bürgerfrühschoppen in Eggesin
30. 10. 1990	Besuch des General für Reservisten im Heer, Brigadegeneral Eberhard Fuhr
6.–8. 11. 1990	Der General für Ausbildung im Heer, Brigadegeneral Andreas Broicher
8. 11. 1990	Die kommunalen Spitzenvertreter der Kreise Ückermünde und Pasewalk
12. 11. 1990	Kirchliche Würdenträger der Kreise Ückermünde und Pasewalk
16. 11. 1990	Feierliches Gelöbnis der wehrpflichtigen Soldaten der 9. Panzerdivision in Ückermünde
22. 11. 1990	Schuldirektoren des Kreises Ückermünde
28. 11. 1990	Brigadegeneral Klewien, General der ArtTruppe
4. 12. 1990	Der Inspekteur des Heeres, Generalleutnant Henning von Ondarza, informiert sich über dic 9. Panzerdivision
5. 12. 1990	UAL BMVg, Abt. P III Brigadegeneral Götz Gliemeroth
8. 12. 1990	1. Adventskonzert der 9. Panzerdivision
14.–18. 1. 1991	Der Beauftragte des Generalinspekteurs für Erziehung und Ausbildung, Flottillenadmiral Klaus-Dieter Sievert

17.1.1991	Der Amtschef des Heeres, Generalleutnant Ernst Klaffus
21./22.1.1991	Journalisten des Magazins »Der Spiegel« besuchen die 9. Panzerdivision
22.1.1991	Der Kommandeur der OSH Hannover, Brigadegeneral Freiherr von Steinecker
23.1.1991	Neujahrsempfang der 9. Panzerdivision
4./5.2.1991	Kommandeur der 3. Panzerdivision Buxtehude, Generalmajor Winfried Weick
12.2.1991	Der stellv. Befehlshaber des Bundeswehrkommando Ost, Generalmajor Werner von Scheven
13./14.2.1991	Herr Hecker, Mitglied des Beirates für Innere Führung, verschafft sich einen Einblick in die Probleme der 9. Panzerdivision
20./21.2.1991	Pressereise Bundeswehrkommando Ost mit dem Befehlshaber, Generalleutnant Jörg Schönbohm
27./28.2.1991	Der Vorsitzende Heer im Bundesvorstand des Deutschen Gewerkschaftsbundes, Oberstabsfeldwebel Ostermeier
5./6.3.1991	Der stellv. Kommandeur und Kommandeur der Divisionstruppen der 3. Panzerdivision, Brigadegeneral Richardsen
5./6.3.1991	Offiziere und Unteroffiziere des PzArtBtl 155
6.–8.3.1991	Das Mitglied des Deutschen Bundestages, Herr Jörg van Essen
7.3.1991	Anläßlich seiner Beförderung zum Brigadegeneral lud der Kommandeur der 9. Panzerdivision, Hans Peter von Kirchbach, zu einem kleinen Empfang
25.3.1991	Verwendungslehrgang GenSt/AdmSt (H) FüAkBw Hamburg

2.4.1991	Truppenbesuch des Beauftragten des Inspekteur des Heeres für Truppenübungsplätze, BwKdoOst, Brigadegeneral Prange
11.4.1991	Der Präsident der WBV VII, Dr. Johanny, aus Strausberg
6./7.5.1991	Redakteure der US-Zeitschrift »Rolling Stone« unter Leitung von Herrn Martin
15.5.1991	Vortrag des Präsidenten der Gesellschaft für Wehr- und Sicherheitspolitik, Generalleutnant a.D. Hans Poeppel, »Friedensstrategie nach dem Wandel in Mitteleuropa – Neue Herausforderungen für Bündnis und Bundeswehr«
21.–23.5.1991	VKSE Testinspektion durch britische Inspektionsgruppe
27.5.1991	Der Befehlshaber Bundeswehrkommando Ost, Generalleutnant Schönbohm
27.5.1991	2. Gespräch mit Pastoren der Kreise Ückermünde und Pasewalk
4.6.1991	Der Inspekteur des Heeres, Generalleutnant Henning von Ondarza, in Begleitung des Stabsabteilungsleiter BMVg FüH I, Brigadegeneral Dieter Stöckmann, und Generalmajor Steinseifer
12.6.1991	Kommunale Spitzenvertreter der Kreise Ückermünde und Pasewalk
27.6.1991	Feierliche Namensgebung Heimatschutzbrigade 41 – Vorpommern – in Anwesenheit des Ministerpräsidenten von Mecklenburg-Vorpommern, Herrn Alfred Gomolka, und des Befehlshaber des Wehrbereichskommando VIII, Generalmajor Ruprecht Haasler
8.7.1991	Der Bundesminister der Verteidigung, Dr. Gerhard Stoltenberg

24.7.1991	Der Kommandeur der Heimatschutzbrigade 40 – Mecklenburg – und der Kommandeur der Heimatschutzbrigade 42 – Brandenburg –
25.–25.7.1991	Besuch des Generaldekan Gramm
5.8.1991	Empfang anläßlich des 50. Geburtstages des Brigadekommandeurs, Brigadegeneral Hans Peter von Kirchbach
21./22.8.1991	Der Befehlshaber der Landstreitkräfte Jütland (COMLANDJUT), Generalleutnant Klug
4.9.1991	Der stellvertretende Abteilungsleiter P, Generalmajor Edgar Trost
6.9.1991	Feierliches Gelöbnis der wehrpflichtigen Soldaten der Heimatschutzbrigade 41 – Vorpommern – in Eggesin in der Vorpommern-Kaserne
11./12.9.1991	Cornelius-Vereinigung – Christen in der Bundeswehr – informiert sich bei der Heimatschutzbrigade 41 – Vorpommern –
12.9.1991	Offiziere der Panzerbrigade 21 unter Führung des stellvertretenden Brigadekommandeurs
13.9.1991	Festvortrag durch Altbundespräsident Prof. Dr. Karl Carstens zum Thema »Die Deutsche Einheit«
24.9.1991	Offiziere der Heimatschutzbrigade 41 – Vorpommern – zu Gast bei der Ernst-Moritz-Arndt-Universität Greifswald
25.9.1991	Besuch von Kommandeuren der Heimatschutzbrigade 41 – Vorpommern – bei der 12. MechDiv Stettin
22.10.1991	Das Mitglied des Deutschen Bundestages, Herr Hinrich Küssner
22./23.10.1991	Der Landesbischof zu Greifswald, Herr Eduard Berger

28./29.10.1991	Truppenbesuch des Kommandeurs der 3. Panzerdivision, Brigadegeneral Gerd Schultze-Rhonhof
28.–30.10.1991	Gemeinsame Ausbildung mit Kommandeuren und Kompaniechefs der Panzerbrigade 8 mit Oberst Rainer Schuwirth
6.11.1991	Der ehemalige General der Kampftruppen, Generalmajor a. D. Lichel
7.11.1991	Vortrag im Rahmen der Gesellschaft für Sicherheitspolitik, Generalmajor a. D. Birnstiel
10.11.1991	Besuch des Direktor Security States des US Army War College Carlysle, USA
10./11.11.1991	Der evangelische Wehrbereichsdekan im WB II, Hannover, Militärdekan Jung
11./12.11.1991	Angehörige des Amtes des Wehrbeauftragten des Deutschen Bundestages, MR Dr. Gleumes und RR Mühlen
13.11.1991	Truppenbesuch des Leiters der Außenstelle Strausberg im BMVg, Herrn Werner E. Ablaß
21.11.1991	Befehlshaber der 2. Gardepanzerarmee (WGT) Fürstenberg mit Teilen seines Stabes
5.12.1991	Divisionskommandeur der 12. MechDiv mit Teilen seines Stabes aus Stettin
10.12.1991	Besuch von fünf Mitgliedern des Landtages Mecklenburg-Vorpommern
11./12.12.1991	Der Beauftragte des Generalinspekteurs für Erziehung und Ausbildung, Flottillenadmiral Klaus-Dieter Sievert
16.12.1991	Adventsessen von Offizieren der Heimatschutzbrigade 41 – Vorpommern – auf Einladung des Superintendenten Jehsert in Ückermünde
17.12.1991	Bundestagsabgeordnete, Frau Jaffke

24.12.1991	Generalinspekteur der Bundeswehr, General Klaus Naumann, am Weihnachtsabend in Eggesin

Kommandeurbriefe

19.11.1990	»An alle Kommandeure und Chefs der Grundausbildungseinheiten« Eindrücke aus der Dienstaufsicht
29.5.1991	»An alle Kommandeure und Chefs der Heimatschutzbrigade 41« (Auszüge) Ergebnisse aus der Dienstaufsicht
7.10.1991	»An alle Kommandeure, Kompanie- und Batteriechefs der Heimatschutzbrigade 41 – Vorpommern« Brief zur Verbesserung der Disziplin

9. Panzerdivision
– Kommandeur –

2112 Eggesin, 19. 11. 1990
Adolf-Bytzek-Kaserne
PF 32603
BwKennz 48834, App. 300

An
alle Kommandeure und Chefs
der Grundausbildungseinheiten
9. Panzerdivision

Meine Herren,

in den letzten Wochen habe ich, wie Sie wissen, die Grundausbildungseinheiten besucht, mit zahlreichen Ausbildern und Rekruten gesprochen und meine Eindrücke durch ein Treffen mit den Chefs und Leitern der Ausbildungsunterstützungsgruppen ergänzt.

Zweck dieses Schreibens ist es, Ihnen meine Eindrücke wiederzugeben und notwendiges Handeln, wo noch nicht geschehen, in die Wege zu leiten.

1. Dialog

Der mit den Rekruten geführte Dialog ist noch nicht intensiv genug. Es ist jedoch schon zunehmend ein erfreuliches und offeneres Verhalten der Rekruten den Vorgesetzten gegenüber festzustellen.

Dieser Prozeß muß fortgesetzt werden, um ein vertrauensvolles Verhältnis als Grundlage für eine zeitgerechte Menschenführung aufzubauen.

Der Dialog muß von allen Ausbildern in und außerhalb der Dienstzeit gesucht werden. Dabei geht es um die Verbesserung der Lebensbedingungen genauso wie um den Auftrag der Streitkräfte im geeinten Deutschland.

2. Disziplin

Die Disziplin ist insgesamt noch nicht zufriedenstellend. Der Auftrag zur Verbesserung der Disziplin bleibt bestehen. Disziplin und Dialog sind keine Gegensätze. Dialog ist unabdingbare Voraussetzung für Gehorsam aus Einsicht.

3. Anspruchsdenken

Die Generation der Rekruten und jungen Unteroffiziere hat, geprägt durch ihre Erziehung und ihr Umfeld, oftmals Schwierigkeiten mit einem neuen Anspruchsdenken.

Dieses Denken beinhaltet das »schnelle in Besitz nehmen wollen« von allen westlichen Verbesserungen, häufig jedoch ohne die klare Bereitschaft, die entsprechenden Gegenleistungen zu erbringen.

Auf dieses Denken muß Einfluß genommen werden. Es muß klar gemacht werden, daß nicht alle Verbesserungen sofort möglich sind, andererseits müssen Fortschritte den Soldaten deutlich gesagt werden.

4. Informationen

Nicht selten klagen die Rekruten über mangelnde Informationen. Dies betrifft die aktuellen Tagesereignisse genauso wie Informationen zu Möglichkeiten der Verpflichtung und Begründungen für nicht ohne weiteres einsichtige Entscheidungen.

Es ist mir ein besonderes Anliegen, daß von den Rekruten Freiwillige geworben werden. Sie sind entsprechend zu informieren. Hinsichtlich der Informationen über politische Tagesereignisse bitte ich dafür zu sorgen, daß die Zeitungen wirklich allen Dienstgradgruppen zugute kommen. Für jeweils sieben Soldaten kann ein Exemplar beschafft werden, dies sollte ausreichen.

5. Küchen

Die Qualität der Verpflegung gab häufig Anlaß zu Klage und ist verbesserungswürdig. Auch die Organisation der Ausgabe wurde als schlecht empfunden, was dazu führte, daß die Menge für die letzten Soldaten nicht ausreichte.

Die erzielten Fortschritte reichen noch nicht aus. Neben der Ausstattung der Küchen ist auch oft die Sauberkeit zu bemängeln. In Einzelfällen ist sogar die Hygiene des Küchenpersonals (schmutzige Bekleidung) unzureichend. Das leitende Küchenpersonal wurde bei der Divison belehrt und eingewiesen. Ich bitte, gegen Mißstände, die selbst verschuldet sind, unnachsichtig vorzugehen.

6. Sanitäre Anlagen

Die sanitären Anlagen sind in allen Kasernen mangelhaft und reichen nicht aus.

Die getroffenen Verbesserungen und Initiativen sind anerkennenswert. Es muß jedoch versucht werden, auf diesem Gebiet mit höchster Priorität bessere Lebensbedingungen zu schaffen.

Sollten einige Umbaumaßnahmen notwendig sein, werden sie von mir genehmigt. Weitere Unterstützung kann im Bedarfsfall in geringem Maße das BChA 9 liefern.

7. Zapfenstreich

Der Zapfenstreich ist als notwendige Voraussetzung für die Bildung von Zusammengehörigkeitsgefühl und Kameradschaft sowie der Eingewöhnung in das neue Umfeld zu sehen. Nach der Eingewöhnungsphase ist Ende November zu der Regelung Bw (West) nach der Grundausbildung überzugehen. Für die nächste Grundausbildung wird mit einer einheitlichen Regelung begonnen.

Trotz dieser noch vorhandenen Probleme bin ich mit den bereits erzielten Fortschritten zufrieden.

Ich bitte, weiter unablässig mit Kreativität und Initiative tätig zu sein, um zusammen mit unseren Rekruten die Umstellung zu einer disziplinierten kameradschaftlichen Armee, in der der Mensch die Hauptsache ist, zu vollziehen.

von Kirchbach
Oberst

Heimatschutzbrigade 41

– Vorpommern –

- Kommandeur -

O-2112 Eggesin, 29. Mai 1991

Tel. aus West 0037/99 97-80 App. 300

Tel. aus Ost 0999 97/80 App. 300

Auszüge

An alle Kommandeure und Chefs
der Heimatschutzbrigade 41

Betr.: Ergebnisse und Erkenntnisse aus der Dienstaufsicht und dem Besuch des Oberbefehlshabers BwKdo Ost

Als Ergebnis meiner Dienstaufsicht der letzten Wochen und dem Truppenbesuch des Oberbefehlshabers BwKdo Ost, GenLtn Schönbohm, bringe ich Ihnen einige Punkte zur Kenntnis, die über die Klärung von Einzelfällen hinaus von allgemeinem Interesse sind:

2. Immer wieder werde ich mit nicht berechtigtem Anspruchsdenken konfrontiert. Ich weise noch einmal daraufhin, daß vor allem nach der großzügigen Aufwandsentschädigungs- und Heimfahrtsregelung klar sein muß, daß in aller Regel die Dienstzeiten für alle Soldaten gleich sind und Genehmigungen, aufgrund der langen Fahrwege Freitags den Dienst früher zu verlassen oder Montags später anzutreten, auf ein Minimum beschränkt werden müssen.

3. Zu meiner Dienstaufsicht gehören häufig allgemeine Besprechungen mit verschiedenen Dienstgradgruppen, die ich in aller Regel in Anwesenheit der zuständigen Disziplinarvorgesetzten führe. Ich lege Wert darauf, daß bei den Punkten, die verbandsintern zu klären sind, den Soldaten durch den zuständigen Vorgesetzten über das Ergebnis ihrer Anregungen oder Beschwerden und getroffene Maßnahmen informiert werden. Ich werde meinerseits dafür Sorge tragen, daß Bescheide über Punkte, die durch die Brigade zu klären sind, den Kommandeuren binnen zwei Tage zugehen, so daß die zuständigen Vorgesetzten auch hierüber informieren können.

4. Immer wieder kommt es vor, daß Soldaten nach Dingen fragen, von denen ich bei Nachfragen feststelle, daß sie im Verband oder der Kompanie bereits zufriedenstellend geklärt sind und ausschließlich ein Informationsdefizit besteht. Ständiger Dialog und ständige Information bleibt für uns eine Aufgabe von hoher Priorität.

5. Immer wieder werden an mich berechtigte Fragen über die konkrete Ausgestaltung einer Weiterverpflichtung über zwei Jahre hinaus oder Ausgestaltung Dienstverhältnis Berufssoldat usw. herangetragen.
Ich habe vorgesehen, rechtzeitig vor Antragstellung aller Offiziere und Unteroffiziere über Laufbahnrechte usw. grundsätzlich zu informieren. Von uns bislang noch nicht zu klärende Fragen werden dem Inspekteur des Heeres anläßlich seines Besuches mit der Bitte um Klärung vorgetragen.

6. Es sind verschiedene Fälle aufgekommen, in denen Soldaten Bundeswehrmaterial mit nach Hause genommen haben und sich dabei auf die Erlaubnis der Disziplinarvorgesetzten beriefen. Ich weise daraufhin, daß alles

Material entweder weiterverwendet oder gelagert oder zur Verwendung an die VEBEG übergeben wird. Alles andere ist unzulässig.

7. Die Truppenwerbung von Zeitsoldaten ist z.Z. eine besonders wichtiger Aufgabenbereich. Der Oberbefehlshaber BwKdo Ost hat informiert, daß es für diesen Zweck ein spezielles Merkblatt mit Informationen für die Gehaltszahlung ab 01.07.1991 gibt. Brigadekommando wird dieses Merkblatt beschaffen und den Verbänden zustellen.

von Kirchbach
Brigadegeneral

Heimatschutzbrigade 41

– Vorpommern –

- Kommandeur -

O-2112 Eggesin, 19. November 1991
Tel. aus West 0037/9997-80 App. 300
Tel. aus Ost 099997/80 App. 300

An alle Kommandeure,
Kompanie- und Batteriechefs
der Heimatschutzbrigade 41

- Vorpommern -

Meine Herren,

Erkenntnisse aus der Dienstaufsicht, aus Gesprächen mit Wehrpflichtigen und Unteroffizieren und Erkenntnisse, die beim Besuch der Herren aus dem Amt des Wehrbeauftragten zutage getreten sind, geben mir Anlaß zu diesem Brief.

1. Beim Gespräch mit jungen Unteroffizieren ist deutlich geworden, daß nicht alle von ihnen sich bei der Durchführung ihrer Aufgaben als Vorgesetzte genügend unterstützt fühlen. Dabei geht es weniger um die konkrete fachliche Aufgabe als vielmehr um die Wahrnehmung der direkten Führung junger Soldaten und das Durchsetzen von Disziplin und Ordnung in und vor allem auch außerhalb des Dienstes. Ein Unteroffizier führte aus, er habe Angst am Sonntagabend UvD-Dienst zu versehen, weil er befürchte, sich gegenüber einigen betrunken ankommenden Soldaten nicht durchsetzen zu können. Ein anderer be-

richtete von Situationen mit betrunkenen und undisziplinierten Soldaten, in denen er keine Möglichkeit sah, außer sich in seine Stube zurückzuziehen. Ein Unteroffizier berichtete, er habe die Hilfe des OvWa erbeten, um eine vorläufige Festnahme durchzusetzen, diese aber nicht erhalten. Einige gaben an, daß sie glaubten, daß ihre Vorgesetzten über diese Zustände informiert sind.

2. Die Disziplin hat sich, soweit es das äußere Erscheinungsbild und das Auftreten der Soldaten im Dienst angeht, deutlich gebessert. Ähnliche Erfolge scheinen nach Dienst noch nicht in gleicher Weise eingetreten zu sein.
Ich möchte noch einmal deutlich feststellen, daß die Durchsetzung von Disziplin auch nach Dienst nicht nur eine Aufgabe des als UvD eingesetzten, häufig sehr jungen Unteroffiziers sein kann, sondern in gleicher Weise Aufgabe aller Vorgesetzten sein muß, wie das Durchsetzen von Disziplin und Ordnung im Dienst.
Immer wieder gibt es Ausschreitungen betrunkener Soldaten bis hin zu grober Sachbeschädigung, die sich mit Nähe des Entlassungstermins häufen.

3. Es ist gelungen, die gröbsten Auswüchse des EK-Systems zu beseitigen. Es ist uns aber bislang nicht gelungen, einige andere Erscheinungsformen auszumerzen.
So kommt es noch immer vor, daß junge Soldaten in der Allgemeinen Grundausbildung durch Ältere in ihren Blocks belästigt werden. Immer wieder sind Insignien, die den ausscheidenden Soldaten als "EK" kennzeichnen, offen sichtbar (Tragweise der Litzen).
Ich habe nichts gegen Vorfreude auf Entlassung, bitte aber dafür zu sorgen, daß die sichtbare Tragweise dieser Insignien eingestellt wird und Belästigungen junger Soldaten unterbleiben bzw. unmittelbar scharf geahndet werden.

Das EK-System ist ein vielköpfiges Ungeheuer und es gilt, die Köpfe immer wieder abzuschlagen.

4. Es ist unsere Aufgabe, mit unseren jungen Soldaten in ständigem Dialog zu stehen und uns ihnen in- und außerhalb der Dienstzeit immer wieder zum Gespräch zu stellen.
Diese Bemühungen werden dann erfolglos sein, wenn wir nicht mit gleicher Entschlossenheit Soldaten, die sich in die Disziplin nicht einfügen, entsprechend sanktionieren.

5. Ich bitte die Herren Kommandeure, sich dieser Fragestellung anzunehmen und je nach örtlichem Bedarf konkrete Maßnahmen einzuleiten. Dies können z.B. sein:

- Verdichtung der Dienstaufsicht in den Einheiten nach Dienst durch Unteroffiziere m.P. oder Offiziere;
- Offizier-Streifen innerhalb der Verbände oder militärischen Anlagen;
- Einschränkung des Alkoholausschankes (Verzicht auf harte Getränke) in den militärischen Anlagen;
- unnachsichtiges Einschreiten bei Disziplinverstößen, gegebenenfalls vorläufige Festnahme (die Arrestanstalt in Karpin ist jederzeit aufnahmebereit).

6. Ich bitte die Herren Kommandeure, das Veranlaßte bei der Kommandeurbesprechung im Dezember 1991 vorzutragen.

von Kirchbach
Brigadegeneral

